Andrés Panasiuk

¿Cómo compro inteligentemente?

Recomendaciones de oro para que alcance la plata

BETANIA

Un Sello de Editorial Caribe

Betania es un sello de Caribe-Betania Editores

© **2003 Caribe-Betania Editores**
una división de Thomas Nelson, Inc.
Nashville, TN

E-Mail: info@caribebetania.com
www.caribebetania.com

ISBN 0-88113-751-0

Tipografía: Marysol Rodriguez

Printed in the U.S.A.
Impreso en los EE.UU.

11a Impresión

Dedicatoria

Al Dr. Larry Burkett (1939-2003), a quien
Conceptos Financieros Crown le debe su existencia
... y a quien yo le debo todo lo que sé en el tema
de la administración integral de la vida.

Tabla de contenido

Prefacio

Desde 1976 Conceptos Financieros ha tenido una pasión: enseñar a las personas principios sólidos de orientación al consumidor que les ayuden a ser mejores administradores de lo que Dios les ha colocado en sus manos. Este libro está dedicado al Dr. Larry Burkett, quien, a través de los años y en forma totalmente desinteresada, entregó tiempo, talento y tesoros a la tarea de restaurar a miles de familias e individuos en su país natal, los Estados Unidos de Norteamérica.

Fue ese sentido de amor al trabajo que se estaba realizando que le impulsó en el año 2000 a sugerir la fusión de su organización, *Christian Financial Concepts*, con *Crown Ministries*, fundada por el empresario Howard Dayton en Orlando, Florida para convertir a Conceptos Financieros Crown en la organización de orientación al consumidor más grande de su tipo en todo el mundo.

El libro que tiene usted en sus manos, entonces, es el resultado de la suma de experiencias acumuladas por la fusión de estas dos organizaciones y de las experiencias de miles de consumidores a lo largo y ancho del continente. No me siento «dueño» de este libro. Me siento, sobre todo, como un puente entre las fuentes de conocimiento, las fuentes de experiencia y usted.

Me da tristeza el viajar por el continente y darme cuenta cómo nos maltrata la sociedad de consumo a los latinos. Muchas veces creemos que no tenemos problemas al tomar decisiones económicas porque siempre se nos ha enseñado a ser ahorrativos y arreglarnos con lo menos posible. Sin embargo, hay una gran diferencia entre "ser ahorrativos" y ser compradores inteligentes. Los unos, tratan de gastar lo menos posible. Los otros, saben cómo tomar decisiones económicas —cualquiera que ellas sean.

No hay comprador más peligroso que un comprador informado. No le tenga miedo a la sociedad de consumo. Edúquese con este libro y ¡salga a conquistarla!

1

¿Qué es una «sociedad de consumo»?

l que se muere con la mayor cantidad de juguetes, gana», decía un cartelito pegado a la parte de atrás de un automóvil que vi circular hace no mucho tiempo atrás en una ciudad de nuestro continente. A mí me hubiera gustado cambiarlo y escribir: *«El que se muere con la mayor cantidad de juguetes... ¡de todas maneras **muere**!»* Sin embargo, ese cartel nos da la bienvenida a una experiencia relativamente nueva en nuestras tierras hispanohablantes: la sociedad de consumo.

Como parte del proceso de la «nueva economía de mercado», estamos siendo bombardeados con nuevas ideas, principios y valores que tratan de imponernos los productores de bienes y servicios desde sus oficinas de mercadotecnia. Hay empresas que son verdaderos monstruos del mercadeo y tienen todos los recursos económicos necesarios para lanzar campañas publicitarias que afectan en forma definitiva la percepción que tenemos de sus productos. En 1999, la Coca-Cola tenía un presupuesto publicitario de casi 2.000 millones de dólares,[1] y al final del año 2001 sus ganancias netas alcanzaron los 15.700 millones de dólares.[2] De igual manera, las ventas totales de la compañía General Motors, una de las compañías más grandes del mundo, durante el mismo período ascendieron a 177.260 millones de dólares.[3]

La pregunta es, entonces: si las grandes empresas multinacionales gastan tanto dinero para «atrapar» en sus redes a los consumidores de habla hispana, ¿cuánto esfuerzo y dinero se está invirtiendo en contrarrestar los efectos del lavado cerebral que nos están haciendo? Lamentablemente, casi nada.

A. DEFINICIÓN DE UNA «SOCIEDAD DE CONSUMO»

En busca de una buena explicación sobre el concepto de la sociedad de consumo, me encontré hace algún tiempo atrás con un lugar en Internet llamado Gestiópolis, dedicado a asuntos financieros. Allí encontré la siguiente respuesta a la pregunta sobre qué es una sociedad de consumo:

> Una de las concepciones más comunes de «sociedad de consumo» es la que dice que se trata de una sociedad que se ha rendido frente a los designios de la economía capitalista de mercado y que por lo tanto sus criterios y bases culturales están regidos por las creaciones que ese mercado ponga al alcance de las personas. Estas a su vez pierden la característica de personas humanas e individuales para pasar a ser vistas como la masa de consumidores a quienes se puede influir en sus deseos a través de los anuncios publicitarios, y en algunos casos se les puede crear necesidades con técnicas de mercadeo.

¿Qué es una «sociedad de consumo»?

La sociedad de consumo no solo se refiere a los bienes sino a los servicios, es decir que en estas sociedades la manipulación de la información también forma parte del moldeado del consumidor ideal que pretenden las empresas que tienen el poder. En pocas palabras, el concepto de sociedad de consumo surge del temor al consumismo extremo que empuja a una población a comprar cuanto producto se le ofrezca para cumplir con los nuevos cánones de aceptación dentro de la misma sociedad.

La sociedad de consumo es una realidad y los niveles a los que ha llegado su desarrollo son impresionantes, y por otro lado los niveles que pueda alcanzar en el futuro son impredecibles.[4]

Yo no creo que los bienes y servicios ofrecidos dentro de una economía de mercado son necesariamente malos. Al contrario, todos disfrutamos y nos beneficiamos de ellos. Sin embargo, lo que sí creo que es malo es el dejar desamparado al consumidor final —usted y yo— frente al lavado de cerebro en que están empeñados en hacernos las oficinas de marketing a través de los medios de comunicación.

Esa es la razón principal de este libro: el poner en sus manos una potente herramienta de defensa contra la manipulación de su voluntad como comprador. No hay comprador más peligroso que un comprador informado. La educación del consumidor es nuestra arma más potente contra la manipulación comercial de los medios de comunicación social.

Quiero aclarar que no estoy en contra de los medios de comunicación. Yo mismo fui director de programación de una emisora de radio en la ciudad de Chicago, Estados Unidos. Los medios de comunicación social son solamente la herramienta a través de la cual una persona puede llegar a creer que si se muere con la mayor cantidad de «juguetes», gana.

B. Una alternativa para consumir inteligentemente

Permítame contarle una historia que lo ayudará a ver cómo, si trabajamos en nuestro carácter, podemos empezar a comportarnos de acuerdo con Principios (con «P» mayúscula) que impacten profundamente sobre nuestra vida económica. Usted puede comprar inteligentemente. Solamente debe ser suficientemente humilde para cambiar, como nosotros lo hicimos una vez en casa,

Debo reconocer que no tomaré en cuenta algunos aspectos financieros importantes como la fluctuación del mercado inmobiliario, la inflación y los costos de compra y venta de inmuebles. La razón por la que lo hago la explicaré al final, pero tiene que ver con la lección principal que quiero enseñar, que hace que esos aspectos financieros no jueguen un papel preponderante. Aquí va la historia...

Ricardo Rápido y Pedro Paciente

Tengo dos amigos. Uno se llama Ricardo Rápido y otro se llama Pedro Paciente. Los dos se quieren comprar una casa por $100 mil. Los dos tienen $10 mil para dar como depósito y ambos pueden pagar $700 por mes en su hipoteca.

a. Una compra inteligente

Ricardo Rápido, por ser *rápido*, se compra la casa más grande que puede con el dinero que tiene: la paga $101.037,55.

Así es su situación económica entonces:

Plazo: 30 años

Casa de	$101.037,55
Anticipo	$ 10.000,00
Deuda:	$ 91.037,55

Interés: 8,50% anual
Pago mensual: $700

Pedro Paciente, a pesar de poder hacer lo mismo que hizo Ricardo Rápido, decide que va a comprar primero una casita más pequeña. La paga $66.458,12

Casa de $ 66.458,12
Anticipo $ 10.000,00
Dueda: $ 56.458,12

Plazo: 30 años
Interés: 8,5% anual

Ahora bien, a pesar de que la deuda es menor y que los pagos mensuales pueden ser menores, Pedro Paciente se dice a sí mismo: *«Yo puedo pagar $700 mensuales, así que voy a pagar más para adelantar lo antes posible el pago de mi deuda».* Entonces, el pago mensual de Paciente es más alto del que debería ser. Pago mensual: $700

Este es el cuadro comparativo de la situación económica de mis dos amigos:

Nombre	Deuda	Pago	Interés	A la deuda	Activo
Rápido	$91.037,55	$700.	$644,85	$55,15	$10.055,15
Paciente	$56.458,12	$700.	$399,91	$300,09	$10.300,09

Nótese que el pago extra que está haciendo Paciente le permite colocar más dinero para pagar su deuda y, por lo tanto, está aumentando su activo (el valor del dinero que tiene en su propiedad, que en inglés se llama *equity*).

b. Un pago anticipado

A los 10 años, como está pagando de más cada mes, Pedro Paciente termina de pagar su casa. Esta es la situación económica de Rápido y Paciente al final de esos 120 meses:

Nótese que Ricardo Rápido, después de 10 años de pagar $700 por mes, todavía debe ¡$80 mil! Esa es la trampa económica del sistema de pagos de préstamos al «estilo francés», muy común para compras mayores (tanto automóviles como casas) en toda nuestra Latinoamérica. No es ilegal. Simplemente es muy desventajoso para el consumidor.

Mes	Nombre	Deuda	Pago	Interés	A la deuda	Activo
120	Rápido	$80.789,33	$700.	$572,26	$127,74	$20.375,96
120	Paciente	$695,06	$700.	$4,92	$695,06	$66.458,12

Nótese que a pesar de que en la mensualidad de Rápido hay una mayor cantidad de dinero que va hacia el pago de su deuda, todavía (después de 10 años) la cantidad de ese pago que ha sido asignada a pagar intereses es de un tamaño respetable. ¿El resultado? Que Ricardo Rápido ha estado pagando primordialmente un «alquiler» al banco (en intereses) y al gobierno (en impuestos) por el dinero que pidió prestado para comprar su casa y, después de haber hecho pagos por $84 mil ¡todavía debe 80 mil de los 100 mil que pidió prestado en un comienzo!

c. Una movida inteligente

Ahora que Pedro Paciente pagó totalmente su casa, decide venderla y comprarse la casa de sus sueños exactamente al lado de la de Ricardo Rápido. Le cuesta lo mismo que le costó a los Rápido 10 años atrás: $101.037,55

¿Qué es una «sociedad de consumo»?

Paciente coloca todo el dinero obtenido por la venta de su primera casa ($66.458,12) como anticipo y toma el resto como una hipoteca a pagar a 30 años. Observemos ahora cuál es la posición financiera de los Rápido y de los Paciente:

Mes	Nombre	Deuda	Pago	Interés	A la deuda	Activo
121	Rápido	$80.661,59	$700.	$571,35	$128,65	$20.504,61
121	Paciente	$34.579,43	$700.	$244,94	$455,06	$66.913,18

Debemos notar que, a pesar de que Pedro podría pagar una mensualidad menor, continúa haciendo el pago mensual de 700 pesos, lo que acelera aún más la velocidad con la que está pagando su deuda hipotecaria.

d. Una meta lograda

Cinco años después, Pedro Paciente termina de pagar la deuda de la casa de sus sueños. Aquí está el cuadro comparativo de la situación económica de Ricardo Rápido y de Pedro Paciente después de 180 mensualidades pagadas (15 años):

Mes	Nombre	Deuda	Pago	Interés	A la deuda	Activo
182	Rápido	$70.888,30	$700.	$502,13	$197,87	$30.347,12
182	Paciente	$8,46	$8,52	$0,06	$8,46	$101.137,55

e. Una inversión sabia

Una vez que Pedro Paciente termina de pagar la casa que siempre quiso tener, decide que, en lugar de mudarse a una casa más grande o gastar el dinero que ahora le queda disponible, lo va a invertir conservadoramente al 8% de interés anual. Entonces Pedro Paciente abre una cuenta de inversiones en la que deposita $700 todos los meses con un rendimiento del 8% por año (bastante conservador).

f. Un resultado asombroso

La pregunta ahora es ¿qué ocurre con Ricardo Rápido y Pedro Paciente después de 30 años? (Recuerde que su hipoteca original era a 30 años de plazo). Pues bien, a los 30 años de pagar sus mensualidades hipotecarias religiosamente, Ricardo Rápido finalmente termina de pagar su casa. Hace una fiesta, invita a sus amigos y celebra que, por fin, es un hombre libre del yugo hipotecario y la casa es realmente suya. Tiene un capital acumulado de 101.037,55 (el valor de su propiedad).

Por otro lado, con menos bombos y platillos, la inversión de Pedro Paciente en el banco alcanza la increíble suma de *$239.227,24* ¡En dinero efectivo! Además, por supuesto, Paciente tiene el capital de su casa, lo que le lleva a tener un activo acumulado de más de ¡$340 mil!

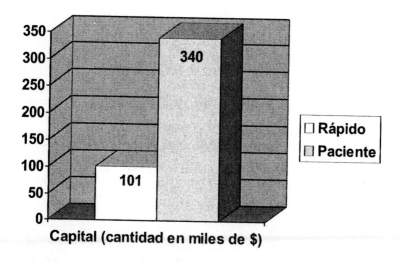

Capital (cantidad en miles de $)

¿Cómo es posible? Pues la razón principal del éxito económico de Pedro Paciente tiene que ver con la forma en la que planeó el pago de sus intereses hipotecarios. Por eso es que en mi historia dejé de lado ciertos factores importantes como la fluctuación de los precios de las casas y la inflación del país.

La enseñanza principal de esta historia tiene que ver con la cantidad de intereses que pagó cada uno de los protagonistas. Ricardo Rápido, con un carácter típico de nuestras tierras, quiso tenerlo todo lo más rápido posible. Eso tiene un precio. Para él fue de $117.257,92 en intereses hipotecarios.

Pedro Paciente, por su lado, supo esperar y sufrir por 10 años en una casa más pequeña y en un barrio con menos estatus que el de Rápido, pero ese planeamiento económico a largo plazo trajo sus beneficios. Paciente solamente pagó $35.670,95 en intereses (casi un tercio de lo que pagó Rápido). Aún más: su dominio propio y su carácter maduro le ayudaron a invertir el dinero que muchos de nosotros gastaríamos en nuevos «proyectos» familiares.

El principio a seguir entonces en la nueva economía de mercado es que, cuando hablamos del pago de intereses, el juego se llama «*El que paga pierde*».

g. Un momento para la reflexión

Una nota para la reflexión que quizás es obvia: la acumulación de un capital de $340 mil le tomó a Pedro Paciente 30 años de su vida. Eso quiere decir que, si comenzó a los 30 o 35 años, ahora está a punto de jubilarse. No le queda el mismo tiempo de vida que le quedaba cuando comenzó sus planes financieros a largo plazo y, ciertamente, disfrutó 10 años menos de la casa de sus sueños.

Pero Pedro Paciente no está pensando solamente en sí mismo. Paciente está acumulando capital para la siguiente generación: para sus hijos y sus nietos. Él ha sacrificado parte de su satisfacción personal por el bienestar de las generaciones futuras. Este tipo de actitud está desapareciendo de nuestro continente en la medida en la que los medios de comunicación social nos condicionan a disfrutar del «aquí y ahora», sacrificando en el proceso el futuro personal y familiar.

¡Anímese! Trabaje en su carácter personal: sea paciente y, comenzando desde abajo y a través del tiempo, usted también podrá ahorrarse decenas de miles de pesos en intereses. Más adelante en este libro le mostraré las tendencias en nuestro carácter que nos convertirán en compradores inteligentes.

Otra nota al margen: no se deje engañar por este formato de pagar hipotecas que es cada vez más popular en nuestro continente. Si tiene preguntas o necesita ayuda para hacer sus cálculos en el proceso de comprar su casa, busque las herramientas que hemos colocado en las oficinas de *Conceptos Financieros* más cercana a su domicilio. También nos puede visitar en Internet: www.conceptosfinancieros.org.

2

Secretos para comprar inteligentemente

Consumir no es malo. Ninguno de nosotros estaría vivo si no consumiéramos. Sin embargo, creo que *cómo* consumimos es lo que hace la diferencia entre perdedores y ganadores. Un comprador inteligente es aquel comprador que sabe lo que necesita, tiene un plan de acción, toma decisiones basadas en principios y valores sólidos y, al final del día, ¡sale con dinero en el bolsillo!

Hay tres cosas que considero muy importantes al momento de comprar inteligentemente:

- Primero, uno debe tener un plan para controlar gastos.
- Segundo, uno debe diferenciar conscientemente entre necesidades, deseos y gustos.

* Y finalmente, uno debe desarrollar ciertas tendencias en el carácter personal que le permitan reaccionar apropiadamente bajo presión (que es cuando, en la mayoría de los casos, cometemos los errores económicos más importantes).

A. UN PLAN PARA RESPETAR

Si usted quiere ser un comprador inteligente, si quiere que le vaya bien en sus compras, en primer lugar tiene que tener una forma de controlar el dinero y no dejar que el dinero lo controle a uno. Muchos latinos viven para consumir en lugar de consumir para vivir. Viven atrapados por la incertidumbre de si llegarán a fin de mes o no, sin tener la menor idea de cómo están gastando su dinero.

Hablamos de un plan para controlar gastos porque es importantísimo tener un plan que nos permita parar a tiempo una vez que se acabaron los recursos disponibles para hacer una determinada compra. Al mismo tiempo, un plan de control de gastos —un presupuesto— nos permitirá saber exactamente no solo cuánto podemos gastar en una determinada compra, sino que también determinará qué tan grande, nuevo o costoso será el bien que habremos de comprar... ¡antes de salir a la calle a comparar precios!

El plan de manejo del dinero que voy a presentarle tiene que ser adaptado a su situación particular en el país en donde vive. Quizás eso signifique que el presupuesto deba calcularse en dólares; quizá deba revisarse cada dos o tres meses; quizá no tenga que tener un presupuesto en absoluto, sino que tenga que desarrollar un plan propio para manejar sabiamente sus entradas económicas.

Lo importante es que tenga un plan. Si vive en los Estados Unidos o Canadá, esta guía para armar un presupuesto es exactamente lo que necesita para manejar sus finanzas con un plan apropiado. Los porcentajes sugeridos son para una familia de cuatro personas que gana un salario promedio en los Estados Unidos, Puerto Rico o Canadá. Si no vive en uno de esos países, por favor no le preste atención a los porcentajes. Los hemos colocado en beneficio de los millones de hispanohablantes que sí viven allí.

En esta sección vamos a aprender a armar un presupuesto para su familia, para sí mismo, e incluso podrá adaptar este material al plan del presupuesto de un negocio o una organización filantrópica como una iglesia, un club social o una organización de beneficencia. Para lograr nuestros objetivos nos vamos a enfocar en dos áreas importantes. En la primera parte nos dedicaremos a la parte filosófica, en la cual estaremos viendo por qué es necesario armar un presupuesto.

La segunda parte será muy práctica. Iremos, punto por punto, armando juntos el presupuesto familiar. Cuando lleguemos a la parte de las categorías, entre una y otra, deténgase unos minutos para trabajar paso por paso.

1. ¿POR QUÉ TENEMOS QUE TENER UN PLAN?

Tener un plan para controlar sus gastos —un presupuesto— es el primer paso vital y prerrequisito *sine qua non* para poder tomar decisiones económicas como, por ejemplo, cuánto puede pagar por una casa, qué tipo de automóvil puede comprar o cuánto puede pagar por un determinado artefacto electrodoméstico.

Sin un plan sería como lanzarse al vacío en medio de una noche de niebla: nunca sabemos qué tan profundo habremos de caer y cuándo abrir el paracaídas.

a) Excusas para no hacer un presupuesto

1) **«No tenemos qué presupuestar»**. Alguna gente me dice «¿Cómo vamos a desarrollar un presupuesto familiar si no

tenemos nada que presupuestar? ¡No tenemos dinero!» A mí me gusta contestar: «Cuanto menos tengamos, más control debemos tener sobre nuestras finanzas». Si hablamos de alguna estrella de fútbol o de Hollywood, que ganan millones de millones todos los años, quizás ellos puedan darse el lujo de perder un millón por aquí o por allá. Pero si usted y yo perdemos US$10 o una mínima cantidad de pesos cada mes, es muy diferente: nuestros recursos son limitados y necesitamos controlar al máximo las salidas de dinero.

2) «No estamos acostumbrados a tener un presupuesto en nuestra familia». Otra gente me dice que no maneja un presupuesto familiar. Pero eso no puede ser cierto porque si uno está vivo, tiene ropa y come todos los días, maneja, de alguna manera, un presupuesto. Puede ser que no lo tenga *escrito*. Puede ser que lo tenga solamente en su mente. Pero seguro que tiene un presupuesto.

Se lo voy a probar. Suponga que su esposa un día le dice: «Querido, cómo me gustaría comprarme ese vestido rojo con rayas verdes y anaranjadas que vi a la vuelta de casa» ¿Qué es lo primero que usted piensa? Inmediatamente (y de forma casi inconsciente) calcula cuánto está ganando y cuánto lleva gastado ese mes, cuánto tiene que pagar de alquiler o de hipoteca, cuánto gasta regularmente de comida y transporte... Básicamente, cuánto tiene guardado y cuánto necesita para llegar a fin de mes. Al terminar este proceso de pensamiento puede decidir si comprar o no el vestido. Eso es manejar un presupuesto. No está escrito en blanco y negro sobre un pedazo de papel, pero allí está, en su mente.

Lo que vamos a tratar de hacer en las próximas páginas es colocar ese presupuesto que usted tiene en la cabeza sobre un pedazo de papel para hacer dos cosas: primero, para poder tener el control de nuestras finanzas, ya sean familiares o personales; y segundo para ponernos de acuerdo con nuestro cónyuge (si lo tenemos) sobre cuánto y cómo vamos a gastar el dinero de nuestras entradas. Usted va a evitarse muchas discusiones en casa si logra ponerse de acuerdo en un presupuesto familiar con su pareja.

Si no elaboramos un presupuesto puede presentarse el caso de que llega un día el esposo a la casa y le dice: «Querida, estás gastando demasiado dinero en la comida». Entonces la esposa lo mira y contesta: «¿Cuánto es "demasiado" en comida?» Si no nos hemos puesto de acuerdo en la cantidad de dinero que vamos a apartar cada mes para la comida, no tendremos un indicador que nos diga cuánto es mucho o poco en ese rubro.

Es necesario colocar todas estas ideas que tenemos en la cabeza sobre un pedazo de papel, y hacer un pacto familiar donde cada uno de los miembros de la familia acuerde en gastar mensual o semanalmente una determinada cantidad en comida, ropa, entretenimiento, etc.

El problema está en que tanto el área del dinero para gastar en nosotros mismos como el de los «gastos varios» (o misceláneas) es como un agujero negro en el espacio, ¡que solo Dios sabe qué es lo que pasa allí!

Ese tipo de gastos se come todo lo que usted le adjudique, a menos que se le ponga un límite. Si no tiene cuidado, ¡allí se le puede ir todo el dinero en efectivo de su salario disponible!

3) «Dios no quiere que nos afanemos por el día de mañana». Como nosotros trabajamos bastante con la gente de las iglesias, muchas veces los feligreses me dicen: «Yo escuché por allí que la Biblia dice que no debemos afanarnos por el día de mañana, porque cada día trae su propio afán». A lo que normalmente contesto: «Tiene mucha razón. La Biblia dice *no os afanéis por el día de mañana*[6]. Yo estoy de acuerdo con eso. Pero hay una gran diferencia entre *"afanarnos* por el día de mañana" y *"planear* para el día de mañana". Afanarnos quiere decir que estaremos ansiosos, preocupados, desesperados, que queremos tomar el control del futuro y eso no es bueno. Pero la Biblia por otro lado también nos enseña que debemos planear para el día de mañana para no estar ansiosos, preocupados y, justamente, afanados».

Dice San Pablo: «*Ahora bien, lo que en fin de cuentas se exige de los administradores es que sean fieles*»[7]. No es fácil ser un fiel administrador de lo que se nos ha dado... El problema con los que nos llamamos «cristianos» en Latinoamérica es que muchas veces nos escondemos detrás de nuestra fe para no tener que dar cuenta por nuestra falta de diligencia y nuestra irresponsabilidad.[8]

Nuevamente aclaro: planear (como un fiel administrador lo debe hacer) y afanarse por el futuro son dos cosas totalmente diferentes.

Hace algún tiempo atrás recibí una llamada en mi oficina desde un país sudamericano. Era un amigo relacionado con el gobierno. Me dijo: «¿Andrés, crees que Conceptos Financieros Crown podría darle una mano al Departamento de Lotería de nuestra ciudad?»

Y yo le contesté: «Eso me suena raro, porque tú sabes que nosotros no aprobamos la compra de billetes de lotería, ni jugarla; en sí, no apoyamos ningún tipo de juego de azar, pero ¿en qué le podríamos servir?»

«El gobierno de la ciudad está seriamente preocupado por cierta gente que gana la lotería. Ganan millones de dólares y 2, 3 o 4 años más tarde están en la quiebra, con las vidas destrozadas, con muchas familias rotas por el divorcio, las peleas y los juicios. En lugar de resultar una bendición para esa gente, es como una maldición».

A pesar de que nosotros, finalmente, no pudimos ayudarlos, me quedó en la mente la idea de que el sabio Salomón tenía mucha razón: las riquezas no duran para siempre.[9] A menos que las manejemos con sabiduría, se nos van a ir de las manos (sean pocas o muchas).

Es importante recordar que las riquezas no duran para siempre. Aunque usted esté pasando por un momento económico bueno o mediano, tiene que saber que si no toma el control de esas riquezas, ya sean muchas o pocas, no le van a durar mucho. Es importante comenzar a controlarlas ya mismo.

b) Cómo poner en orden sus finanzas

1) Tome un día entero para discutir estos asuntos con su cónyuge. Haga una cita con su cónyuge de hoy en treinta días. Va a necesitar tomar todo un día libre (un sábado o un domingo) y estar a solas... *sin niños.* Si usted está solo o sola, haga una cita para discutir estos asuntos económicos con alguien de confianza. Le recomiendo que haga esto, por lo menos, una vez al año.

2) Tome nota de sus gastos de los últimos 12 meses. En varios países de Latinoamérica es común que la gente tenga libretas de cheques. La chequera es un buen lugar al cual acudir cuando se trata de calcular cuánto se está gastando cada mes y en qué, especialmente para descubrir esos gastos que no hacemos regularmente (como el pago de seguros o impuestos). Si vive en un país con inflación quizá bastará mirar sus gastos el último par de meses. Si no tiene una chequera, entonces simplemente trate de ver qué tipo de gastos tiene en forma regular y cuánto eroga normalmente en ellos. Otra opción para descubrir sus gastos regulares es hacer lo que le recomiendo a continuación.

3) Guarde los recibos de todos sus gastos en el lapso de 30 días. Hoy mismo tome una cajita de zapatos (o similar) y colóquela en la cocina de su casa. Cada vez que haga alguna compra, pídale un recibo al vendedor y después lleve el recibo a su casa y colóquelo dentro de la cajita. Esto por los próximos 30 días, hasta el día en el que se va a tomar el tiempo con su pareja o amistad para revisar su vida económica.

Si en su país o en el área donde usted vive no se acostumbra a dar recibos, simplemente llévese unos papelitos, y cuando haga una compra escriba qué fue y cuánto costó. Por ejemplo: «comida: $100» o «zapatos: $50», y colóquelo dentro de la cajita. En la reunión que tendrá con su cónyuge el mes que viene saquen los papeles de la caja, divídanlos por categorías (las que están en el presupuesto sugerido que le mostraré más adelante), y entonces tendrán una idea más clara de dónde están parados económicamente.

Vamos a trabajar juntos en eso.

Le recomiendo que haga ese ejercicio durante dos o tres meses seguidos. Le tomará aproximadamente de 4 a 6 meses tener el control de un buen presupuesto familiar. Tenga paciencia.

Esto es un proceso, igual que el bajar de peso. La idea no es matarnos de hambre durante tres semanas para perder cuatro kilos. Aquí, como en las dietas, el asunto es cambiar nuestra forma de comportamiento respecto de la comida para poder perder los kilos extra que tenemos encima y nunca volverlos a recuperar.

El secreto no está en ahorrarse algo de dinero este mes o el que viene. El secreto está en aprender a ser buenos administradores, que controlemos la forma en la que gastamos y tomamos decisiones económicas por el resto de nuestra vida.

La clave del éxito económico está en darnos cuenta de que la vida financiera es una carrera de 5.000 metros con obstáculos y no una de 100 metros llanos. Aquí, como dice el refrán, «el que ríe último, ríe mejor».

4) Compare sus gastos con sus entradas. Lo importante en el manejo de las finanzas familiares no está en la cantidad que ganamos sino en la cantidad que *gastamos*. El hombre es un animal de costumbre y puede acostumbrarse a vivir con US$200, 500 o 1.000 por mes (hablo de dólares porque es una moneda internacional).

Hay gente que me ha dicho: «Nosotros gastamos US$10 mil por mes y no nos alcanza». He notado que existe una ley casi universal en el manejo de las finanzas: *nuestro nivel de gastos invariablemente se incrementa en una relación directamente proporcional a nuestro nivel de entradas*. Básicamente, cuanto más ganamos, más gastamos. Aunque nos hayamos prometido que íbamos a ahorrar el aumento de sueldo que nos proporcionó nuestro jefe hace tres meses atrás, ahora nos damos cuenta de que no nos alcanza para hacer todo lo que queremos hacer.

5) Si vive en los Estados Unidos, Canadá o Puerto Rico compare su presupuesto con nuestro presupuesto sugerido. Nosotros le proporcionaremos al final de esta sección los porcentajes de un presupuesto sugerido por Conceptos Financieros para una familia tipo en esos países. De esa manera usted sabrá qué porcentaje de su Dinero Disponible debería estar gastando en cada categoría. En cada país hay un presupuesto sugerido por el gobierno. Generalmente es el Departamento de Hacienda o de Economía el que presenta y define cuánto debería gastar una familia tipo, es decir la canasta familiar básica. Le recomendamos que investigue estos porcentajes para su país o que se ponga en contacto con la oficina de Conceptos Financieros más cercana a su domicilio.

6) Establezca un presupuesto familiar personalizado. Una vez que comparó sus gastos familiares con nuestro presupuesto sugerido debe establecer un presupuesto familiar personalizado. Es muy importante que el presupuesto de su familia sea el de su familia y no el de otra. Lo importante no es que en cada categoría esté gastando exactamente el mismo porcentaje de su Dinero Disponible que el que le voy a sugerir. Lo importante es que tenga un presupuesto que esté ajustado a los gastos de su propia familia (o de su propia persona, como individuo) y que, sobre todo, cuando sume todos los porcentajes de su presupuesto personalizado equivalga al 100% de su Dinero Disponible y no al 110, 120 o 130%.

Lamentablemente, en los Estados Unidos la familia tipo está gastando el 110% de sus entradas de dinero, es decir US$1 con 10 centavos por cada dólar que ganan. Como es de suponer, esto trae algunos problemas bastante serios a las familias del país.

2. ¿Cómo desarrollar un plan inteligente?

Lo primero que tenemos que hacer cuando armamos un presupuesto familiar es dividirlo en dos áreas: ingresos y egresos. Vamos a empezar tomando nota de nuestros ingresos. Para una explicación más detallada de cada una de las categorías, le recomiendo que vea mi libro *¿Cómo llego a fin de mes?*, publicado por Caribe-Betania Editores.

a) Ingresos

Conteste a la pregunta: ¿cuánto dinero está entrando en casa? Tome una hoja de papel, escriba la palabra «Ingresos» y anote toda la información que se pide a continuación.

1) ¿Cuánto dinero trae a casa el esposo?
2) ¿Cuánto trae la esposa?
3) ¿Cuánto ganamos con nuestro propio negocio?
4) ¿Cuánto estamos recibiendo de alquiler?

5) ¿Cuánto está recibiendo de intereses en el banco?
6) ¿Tiene alguna otra entrada de dinero en forma regular todos los meses?

Luego sume todas estas cantidades.

Una vez que tenga la cantidad total de ingresos familiares, réstele las contribuciones, regalos, donaciones y diezmos que usted disponga para llevar a su iglesia o comunidad de fe y para hacer actos de caridad. De esta manera le estaremos dando a «César» lo que es de «César» y a Dios lo que es de Dios.[10] También cumpliremos con nuestra responsabilidad social de ayudar a los que están necesitados.

Una vez realizada esa resta, lo que le queda es lo que llamamos *Dinero Disponible* (DD).

De ahora en adelante siempre trabajaremos con el DD. Esta es la cantidad que tenemos para gastar cada mes. Mucha gente que vive en los Estados Unidos me dice: «Andrés, yo gano 20 mil o 30 mil al año». Eso puede ser lo que dicen sus papeles en el trabajo, pero la realidad es que si gana 30 mil al año lo que lleva a su casa y tiene disponible para gastar es 20, 22 o 24 mil, no 30. Porque al gobierno le pertenece entre el 15 y el 30% de nuestro salario y, si hemos decidido dar a Dios otro 10%, en realidad el DD es de solamente unos US$18 a 20 mil al año. El problema es que muchos de nosotros cuando empezamos a vivir en los Estados Unidos gastamos ¡como si tuviéramos 30 mil!

En el siguiente paso vamos a colocar la hoja de ingresos aparte y vamos a empezar a trabajar para ver adónde se nos va el dinero. Dividiremos nuestros gastos en 12 o 13 categorías.

Entonces, para resumir:

• Debemos aprender a planear porque no somos millonarios. Los multimillonarios se pueden dar el gusto de gastar y de perder millones por aquí y por allá, pero usted y yo no podemos hacer eso.

• Todos tenemos un presupuesto armado en la cabeza, lo que estamos haciendo ahora es ponerlo en un pedazo de papel.

• Vamos a tomar un día entero con nuestro cónyuge para hacer un análisis presupuestario y establecer niveles de gastos familiares de aquí a 30 días.

• Vamos a guardar los recibos de todos nuestros gastos durante este mes en una cajita de zapatos para poder tener una idea más concreta de cuánto gastamos, especialmente en el área de los gastos varios.

• Vamos a colocar, por ahora y en forma preliminar, en una hoja de papel cuánto son, realmente, los ingresos que tenemos disponibles para gastar cada mes en el hogar.

b) Egresos (gastos)

Como mencionamos, vamos a dividir los gastos que tenemos en 12 o 13 categorías:

1) **Transporte (automóvil o transporte público).** Para aquellos que viven en Canadá, los Estados Unidos o Puerto Rico, en Conceptos Financieros Crown recomendamos que no se gaste más del 15% de su DD (Dinero Disponible: salario menos impuestos y donaciones) en los gastos de transporte público o personal.

2) **Vivienda.** La mayoría de las personas con problemas financieros a las que aconsejamos tiene dos problemas básicos:

compraron una casa demasiado grande o un auto demasiado fastuoso para el dinero que ganan.

Stanley y Danko dicen que si usted no es un millonario pero quiere serlo algún día puede imitar su actitud respecto de la compra de sus casas: «Nunca compre una casa que requiera tomar una hipoteca que valga más del doble de su salario anual»[11]. Entonces, si usted (o usted y su esposa) ganan $50 mil al año, su hipoteca no tendría que ser mayor de $100 mil. Así se comportan los millonarios en los Estados Unidos.

Cuando consideramos los gastos de la vivienda, lo primero que tenemos que escribir es cuánto estamos pagando de alquiler o de hipoteca.

Pregúntese: ¿hay impuestos o seguros?, ¿cuánto está gastando cada mes en servicios como luz, gas, teléfono, agua, cable, etc.? Si está queriendo hacer un proyecto especial de construcción, ¿cuánto estaría pagando en promedio cada mes por los próximos 12 meses? Coloque todos los gastos que están asociados con el mantenimiento de su casa en esta categoría.

Nuevamente, para los latinos que viven en Canadá, los Estados Unidos y Puerto Rico nosotros les recomendamos que no más del 38 o 40% de su DD vaya a parar a su casa. Si usted vive en una gran ciudad de los Estados Unidos, seguramente estará pensando: «¡Solo el 38% de mi dinero disponible! Con lo caro que es vivir en Nueva York, Chicago o Los Ángeles...» Es verdad: es caro vivir en esas ciudades. Sin embargo, el problema no es que las casas son caras en las grandes ciudades, el problema es que usted no gana lo suficiente como para vivir allí.

3) Comida. Piense: ¿cuánto está gastando en alimentos? Escriba cuánto más o menos está gastando en comida mensualmente. Entre el 12 y el 15% de su DD debe ser asignado para comprar comida.

¿Cómo compro inteligentemente?

Aquí va un dato muy importante: si vive en los Estados Unidos y está gastando en la suma de alimentos, transporte y la casa más del 75% de sus entradas de dinero, usted está en serios problemas y necesita hacer algunos cambios urgentemente.

Algo debe cambiar en su presupuesto, porque si está gastando más de ese porcentaje no le está quedando la suficiente cantidad de dinero para las otras 8 o 9 categorías que todavía nos quedan por delante.

Lo importante en un presupuesto familiar no son los porcentajes que le estoy sugiriendo. Por ejemplo, estuve hace poco en Guatemala y, de acuerdo con un estudio realizado recientemente, los guatemaltecos están gastando alrededor del 37% de sus ingresos en alimentos y bebidas. Pero solamente el 21,6% en vivienda.[12] ¿Vemos cómo en diferentes países la estructura de los gastos es diferente?

Lo importante es que usted le asigne a cada una de las categorías algún determinado porcentaje de su DD, y que cuando sume todas las categorías le dé el 100% o menos (no el 110, ni el 120 o el 130).

4) Cuenta de ahorros. Si puede abrir una cuenta de ahorros en un banco, hágalo y comience a ahorrar ya mismo. Y si no, haga lo que hacía mi abuela: use el colchón de su cama o una latita donde empezar a colocar algo de dinero en forma regular. Si la moneda de su país fluctúa, empiece a ahorrar en una moneda extranjera más estable (eso, por supuesto, si está permitido por las leyes de su nación).

Su meta es tener en una cuenta de ahorros o en dinero en efectivo unos dos o tres meses de salario acumulado. No tiene que ocurrir mañana ni el año que viene. Pero esa debe ser su meta en cuanto a ahorros se refiere. «Hombre prevenido vale por dos», dice un refrán popular. En cuanto a lo financiero, creo que hombre prevenido debe valer, por lo menos, 3,75 ¡más intereses!

5) Deudas. En esta categoría escriba todos los pagos mensuales de deudas y préstamos. Por ejemplo: si tiene una tarjeta de crédito con una deuda de $1.000 y está pagando $100 todos los meses, escriba en esta categoría $100 (el pago mensual y no la deuda total). En Canadá, los Estados Unidos y Puerto Rico no más del 5% de su DD debería ir al pago de deudas.

6) Entretenimiento y recreación. Cuando hablo de gastos de recreación me refiero a las salidas para entretenernos fuera de la casa. Escriba también en el casillero correspondiente la cantidad de dinero que gastó en sus últimas vacaciones dividido por 12. A eso súmele lo que gasta todos los meses en salir a pasear o comer solo o con la familia. No más del 4% de su DD debería ir a la recreación en Canadá, los Estados Unidos o Puerto Rico.

7) Vestimenta. Le recomiendo que tenga una cajita o un sobre adonde poner dinero todos los meses para la ropa. Así, cuando llegue el momento de comprar zapatos para los niños, ropa para usted o cualquier cosa que tenga que ver con la vestimenta, no sacará de la comida para hacerlo, sino que tendrá un ahorro para comprar lo que necesita.

En Canadá, los Estados Unidos y Puerto Rico no más del 4 o 5% del DD debería ser gastado cada mes en el área de la vestimenta.

8) Salud. Trate de calcular: ¿cuánto está gastando todos los meses, de promedio, en médico, en dentista o en medicinas? ¿Está comprando algún medicamento en forma regular?

También puede que tenga un seguro de salud que esté pagando en forma mensual. En los Estados Unidos los seguros de salud son bastante caros. Es importante que anote la cantidad que paga de seguro de salud dentro de esta categoría. En Canadá, los Estados Unidos y Puerto Rico no recomendamos que más del 5% de su DD vaya a los gastos relacionados con la salud.

Sea cual fuere su situación particular, siempre le recomendamos tener un pequeño fondo de dinero para problemas de salud inesperados. El dinero que no usa cada mes para gastos de salud lo puede transferir a su cuenta de ahorros.

9) Seguros. ¿Tiene un seguro de vida? Escriba en el presupuesto su pago mensual de seguro de vida y otros seguros que no hemos cubierto todavía.

Si no tiene un seguro de vida, considere contratar uno. Por lo menos, debería estar seguro de que cuando deja este mundo, hay en algún lugar suficiente cantidad de dinero como para dejar todas sus cuentas cerradas. Recibí una carta hace algunos días atrás de una señora que vive en el Caribe y que me dice: «Mi esposo ha pasado a la presencia de Dios hace un par de semanas y me dejó más de US$65 mil en deudas. ¿Qué hago?» Es terrible. Los varones no deberíamos ser tan irresponsables con nuestras viudas y nuestros niños. Todos deberíamos tener un seguro de vida, por lo menos como para cerrar cuentas, para el entierro y para el futuro de nuestros hijos.

Yo sé que en nuestros países latinoamericanos a veces es difícil contratar un seguro de vida en el que uno pueda confiar. A veces tampoco lo necesitamos. Solo le estoy pidiendo que lo considere: que mire su situación económica y que, con toda honestidad, considere si necesita o no un seguro de vida para proveer a su familia en caso de que usted falte.

Creo que lo que pasa es que no nos gusta hablar de la muerte. Creemos que si hacemos arreglos para cuando nos vayamos a morir nos va a traer mala suerte. ¡Todo lo contrario, señores! La pregunta respecto de la muerte no comienza con «Si...», comienza con «¿Cuándo...?» Tengo malas noticias para darle: Usted se va a morir algún día.

Entonces, ¿cómo quiere que lo recuerden en su funeral: Como un esposo y padre sabio, previsor y amante de los suyos o como el irresponsable que dejó a su familia «entre la pampa y la vía»?

Nosotros los varones (y las mujeres también) debemos tener la cantidad suficiente de seguro para dejar las cosas en orden, estemos casados o solteros. No es tan caro como pensamos y demuestra una actitud de madurez y responsabilidad de nuestra parte.

Aquí hay algunas preguntas que me gustaría hacerle:

¿Tiene un seguro de vida?   Sí: _____   No: _____

Si lo tiene, ¿saben sus beneficiarios que lo tiene?
Sí _____   No: _____

¿Cuál es el valor total de su póliza de seguro de vida?
_____

¿Es suficiente para cubrir sus gastos de entierro, pagar todas sus deudas y proveer para las metas educacionales de sus hijos?   Sí _____   No _____

Nota para mis amigos y hermanos de las iglesias: el seguro de vida no representa una «falta de confianza en la provisión de Dios» (me lo han preguntado en varias oportunidades). Al contrario. Recuerde que el seguro de vida no es como la lotería. No es dinero que «ganamos al azar». La muerte es 100% segura para cada uno de nosotros.

El seguro de vida es un fondo común entre varias personas para ayudarse a proveer para sus necesidades en caso de alguna emergencia.[13] Representa la inversión de su capital durante la época de las «vacas gordas» para proveer durante la época de las «vacas flacas». Es el imitar a la hormiga, que guarda durante el verano para proveerse durante el invierno. Es estar seguros de que el día que tenemos que encontrarnos cara a cara con nuestro Creador en el cielo, todos los negocios quedan cerrados apropiadamente aquí en la tierra.[14]

10) Gastos varios. Ahora viene la parte difícil: tratar de averiguar cuánto dinero estamos «quemando» sin un propósito determinado. No está mal «quemar» dinero. Todo el mundo tiene gastos misceláneos. Lo que está mal es hacerlo en forma descontrolada.

Los gastos varios son como un barril sin fondo. Por allí se va todo el dinero que le pongamos. Si usted vive en Canadá, los Estados Unidos o Puerto Rico yo le recomiendo que no más del 4 o 5% del DD vaya a esta área de gastos. Para otros países póngase en contacto con la oficina de Conceptos Financieros Crown más cercana a su domicilio.

¿Qué son gastos varios? Son suscripciones a diarios, a revistas, cosméticos, gastos de peluquería, lavandería, tintorería, comidas en el trabajo, barbería, cuotas de clubes, pasatiempos favoritos, gastos de cumpleaños (*¿se ha dado cuenta de que todos los meses hay alguien que cumple años en la familia?*), aniversarios, regalos de Navidad, etc.

Algunos de nosotros estamos ayudando a nuestros padres o a miembros de nuestra familia en forma regular. Esa ayuda la podríamos colocar en el área de gastos varios. Algunos vivimos en los Estados Unidos y mandamos dinero al exterior. Si quiere, puede colocar esa cantidad en esta categoría.

Colocamos en gastos varios el dinero en efectivo que gastamos en dulces o en darnos un gusto de vez en cuando. Incluyen, básicamente, cualquier gasto que no hemos considerado anteriormente.

El control de nuestros gastos varios es crítico para poder llegar a fin de mes. Una vez que los gastos fijos como la vivienda, los seguros, el transporte, los ahorros y los pagos de deudas están dentro de los límites del presupuesto, no hay mucho de qué preocuparse. Si están dentro de esos límites, allí se van a quedar (porque son fijos).

No ocurre lo mismo con los gastos misceláneos. Esos gastos son extremadamente variables y nos resulta muy difícil controlarlos. Por eso debemos observar (con la cajita de zapatos, por ejemplo) cómo se nos va el dinero en estos gastos y colocarles un tope, un límite. A partir de hoy, usted se va a asignar a sí mismo una cierta cantidad de dinero para gastar en gastos varios y, cuando se le acabe ese dinero, debe hacer un compromiso muy serio de no gastar más.

Esa será la única forma de controlar su presupuesto y los gastos que tiene. Si no lo hace, nunca llegará a fin de mes.

Hasta aquí, nuestro presupuesto llega al 100% del Dinero Disponible:

Transporte	15%
Vivienda	38%
Alimentos	15%
Ahorros	5%
Deudas	5%
Recreación	4%
Vestimenta	4%
Salud	5%
Seguros	5%
Gastos varios	4%
Total de gastos	100%

Sin embargo, en Conceptos Financieros hemos encontrado que en diferentes países los porcentajes son diferentes y existen diferentes necesidades, especialmente en el área educacional. Por eso hemos agregado un par de categorías más y abierto la oportunidad para que se sumen nuevas categorías en caso de ser necesario.

Entonces, al agregar estas categorías extras se debe recordar que, en caso de usarse alguna de ellas, las que ya hemos mencionado deberían ser reducidas para que todavía los gastos nos puedan dar el 100% de nuestro Dinero Disponible.

Ahora sume todos los totales de todas las categorías. Lo que tenemos que hacer ahora es tomar el DD (Dinero Disponible), restarle el área de los gastos, y eso nos va a dar el balance del presupuesto. En otras palabras, nos va a decir cuánto nos está quedando en el bolsillo al final de cada mes... o cuánto ¡no nos está quedando!

CANTIDAD DE GASTOS:
Transporte: _____
Vivienda: _____
Comida: _____
Ahorros: _____
Deudas: _____
Entretenimiento: _____
Vestimenta: _____
Gastos de salud: _____
Seguros: _____
Gastos varios: _____
Categorías extras: _____
TOTAL DE GASTOS: _____

Ahora simplemente debemos hacer una resta:
Dinero Disponible:_____ (menos) Total gastos:_____
Este es el dinero que queda: $_____ ¿positivo o negativo?

¿Le da un número positivo o un número negativo? Si es un número negativo va a tener que hacer algún tipo de arreglo porque, obviamente, está gastando más de lo que gana.

Si le da positivo, ¡felicitaciones! Lo único que tiene que hacer ahora es ajustar su presupuesto poniéndose de acuerdo con su cónyuge (si lo tiene) para pactar cuánto se va a gastar mensualmente en cada una de las categorías.

Entonces escriba un nuevo pacto que usted hace consigo mismo o con su pareja para ajustar apropiadamente sus gastos individuales o familiares.

Este pacto debería ser revisado de aquí a un mes, durante la cita que usted hizo con su cónyuge, y se debería volver a revisar, por lo menos, una vez al año.

3. ¿CÓMO CONTROLAR INTELIGENTEMENTE SU PLAN?

Hemos visto juntos por qué es importante tener un plan de control de gastos y también hemos aprendido a desarrollar ese plan.

Ahora viene uno de los pasos más importantes: controlar el presupuesto que acabamos de terminar. De nada sirve ponernos de acuerdo en cuánto vamos a gastar en cada categoría si, cuando llega la hora de la verdad, no podemos controlar nuestros gastos.

Hay varias maneras de controlar un presupuesto. A saber: a través de un sistema de planillas en el que cada categoría tiene su planilla. Cada vez que hacemos un gasto, escribimos en la planilla correspondiente el gasto realizado y llevamos la cuenta cada día de cómo estamos gastando nuestro dinero en cada categoría.

Ese es un sistema muy apropiado para gente detallista y que ama los números. En general, incluso individuos con ese tipo de personalidad están migrando rápidamente hacia la segunda manera de controlar el presupuesto: por computadora.

Existe en el mercado un número importante de programas de computadora tanto en inglés como en español para el manejo de las finanzas a nivel individual, familiar y de negocios. Nosotros usamos uno en nuestro hogar desde comienzos de la década de 1990. Nos ha dado un excelente resultado y, si tiene acceso a una computadora, le recomiendo que invierta unos pesos en comprarse un programa de manejo financiero que le permitirá tener información detallada sobre su patrón de gastos.

El tercer sistema, que también usamos en casa desde comienzos de los 90 y que usted puede usar en su casa sin necesidad de planillas ni computadoras, es el sistema de manejo de presupuesto *por sobres*. Funciona realmente muy bien.

Nosotros usamos la computadora para manejar la información detallada a través del tiempo, pero usamos los sobres para controlar la forma en la que gastamos nuestro dinero semana tras semana.

Si me lo permite, me gustaría hablarle de la forma en la que el sistema de sobres nos ha ayudado en nuestra familia y está ayudando a miles de familias en todo el continente.

Funciona de la siguiente forma: lo primero que debe hacer es ponerse de acuerdo en cuánto va a gastar cada mes en cada categoría.

Ahora debe decidir cuáles de esas categorías las va a manejar con dinero en efectivo. Si usted maneja toda la economía del hogar con dinero en efectivo, entonces decida qué categorías necesitará utilizar diariamente. Por ejemplo: la comida, el entretenimiento, los gastos varios, el transporte (dinero para la gasolina), etc. En casa, como tenemos niños pequeños, también separamos todas las semanas dinero para la vestimenta, a pesar de que no usamos ese dinero todas las semanas.

El tercer paso es dividir esos gastos mensuales en cuatro y declarar cuatro *Días de Pago Familiar*. Cuidado: no le estoy recomendando que divida el mes en cuatro semanas, sino en cuatro Días de Pago. La razón es que, de vez en cuando, un mes va a tener cinco semanas y eso le producirá inconsistencia en sus gastos.

Secretos para comprar inteligentemente

Olvídese entonces de las semanas del mes y de las fechas en que cobra su salario. Cuando usted cobra, simplemente asegúrese de que el dinero va a su cuenta de banco o a un lugar central de donde sacará el dinero para gastarlo más adelante.

Ahora establezca el 1, el 8, el 16 y el 24 como aquellos días en los que usted o su pareja irán al banco (o a su colchón familiar) y retirarán suficiente dinero en efectivo para los próximos 7 u 8 días.

DÍAS DE PAGO FAMILIAR:	1	8	16	24
CATEGORÍAS				
Comida				
Vestimenta				
Recreación				
Gastos varios				
TOTAL RETIRADO:				

No se preocupe de los otros gastos (alquiler, gas, luz, pagos del auto...) Si armó correctamente su presupuesto familiar o personal de acuerdo con los parámetros que le hemos sugerido, esa parte del presupuesto «se cuida sola». La razón es que esos gastos son casi fijos y la mayor cantidad de dinero que desperdiciamos se nos van a través de nuestros gastos variables y del dinero en efectivo que tenemos en el bolsillo.

Debe decidir entonces: ¿cuánto vamos a gastar de comida? Si decidimos que vamos a gastar $400 de comida por mes, eso quiere decir que vamos a tomar $100 cada Día de Pago Familiar para comer durante los próximos 7 u 8 días. Ese debe ser un compromiso firme de nuestra parte.

Si vamos a separar unos $80 por mes para la vestimenta de la familia, entonces cada día de pago retiraremos $20.

Si vamos a gastar $100 en entretenernos, entonces retiraremos $25 cada día de pago familiar.

¿Cómo compro inteligentemente?

¿Se da cuenta que aquí no importa sí usted cobra semanal, quincenal o mensualmente? Lo único importante es que usted retire del banco (o del colchón) la cantidad que ha presupuestado para vivir durante los próximos 7 u 8 días. De lo único que se debe preocupar es por no sacar más dinero del que se ha prometido gastar. El resto del presupuesto se cuida solo.

Supóngase entonces que también decide que necesita unos $160 por mes para gastos de transporte y unos $200 para gastos varios. Así quedará su cuadro de retiro de dinero:

DÍAS DE PAGO FAMILIAR:	1	8	16	24
Comida	100	100	100	100
Vestimenta	20	20	20	20
Transporte	40	40	40	40
Recreación	25	25	25	25
Gastos varios	50	50	50	50
TOTAL RETIRADO:	235	235	235	235

Eso quiere decir que cada Día de Pago Familiar usted tomará $235 del banco para sus gastos en efectivo hasta el próximo Día de Pago.

Ahora tiene una forma de control. Ahora sabe que cada 7 u 8 días usted va a gastar $235 en efectivo para sus gastos variables y, maravillosamente, ha convertido sus gastos variables en ¡gastos fijos!

Ahora usted tiene el control. Usted controla el dinero y el dinero no lo controla a usted.

Le animo a que ponga todo esto en práctica. Trate de definir sus gastos en dinero en efectivo para cada Día de Pago y escríbalo en la planilla que le mostré al comienzo de esta explicación.

Finalmente, lo que debe hacer ahora es tomar algunos sobrecitos para distribuir entre ellos el dinero en efectivo. Nosotros, en casa, usamos un *Organizador Efectivo*®, un sistema de sobres que creamos en Conceptos Financieros y que se cierran como si fueran una billetera. Si quiere uno, pase por una librería cercana a su domicilio o póngase en contacto con una de nuestras oficinas en su país.

Una vez que tiene los sobres a mano, a uno le coloca la palabra «donativos»; a otro, «vivienda»; a otro, «alimentación o comida»; a otro, «automóvil», y así va organizando un sobre para cada categoría. Yo recomiendo tener sobres para el esposo y para la esposa. Pueden usar también una cajita de cartón para mantener los sobres que no necesitan diariamente.

Entonces, cada Día de Pago Familiar la esposa y el esposo se dividen el dinero.

—¿Cuánto vamos a gastar de comida?

—Bueno, si dijimos que vamos a gastar $100 cada semana, tomemos el sobre de la comida y coloquemos allí $100.

Cuando la señora va al mercado, toma su sobre de la comida y paga con el dinero que hay en él. El problema viene cuando se nos acaba el dinero de ese sobre ¡antes del siguiente Día de Pago! Por favor, ¡no deje de comer!

Hay que hacer algún arreglo allí: uno se va a ir dando cuenta de que debe aprender a manejar el dinero durante esos 7 u 8 días para que esos $100 alcancen hasta el siguiente día de pago familiar.

Lo mismo ocurre, por ejemplo, en el área de entretenimiento. Supóngase que llega el fin de semana. Al salir de la iglesia o del club, su amiga Carolina le dice: «¡Vamos a comer una pizza!» Entonces, ¿qué hace? Sencillo: toma el sobre de entretenimiento y mira: «¿Tengo o no tengo dinero para ir a comer una pizza?»

Si no tiene dinero, entonces le dice a su amiga: «Va a tener que ser la semana que viene, porque me he gastado todo el dinero para entretenimiento para esta semana…» Y quizás entonces Carolina le diga: «No te preocupes, hoy pago yo». Es entonces cuando usted muy amablemente responde: «¡Ningún problema!»

¡Esa es la diferencia entre los que tenemos un sistema de control de gastos y los que no!

Lo mismo debe ocurrir con los gastos misceláneos. Una vez que se acabaron los «gastos varios» de la semana, no va a poder ir a cortarse el cabello o a hacerse las uñas hasta la semana que viene. ¿Por qué? Porque ya se le acabaron los gastos misceláneos y se ha comprometido a esperar hasta el próximo Día de Pago Familiar.

Quizá va a tener que suspender una suscripción de algún diario o revista porque ha gastado demasiado este mes en esa categoría. Quizás alguna otra cosa tenga que sufrir las consecuencias de una mala administración durante las semanas anteriores. El asunto ahora es estar totalmente comprometido a cumplir con la palabra empeñada.

Muy bien. Ahora tiene un presupuesto personal o familiar y también tiene una forma concreta y práctica de controlarlo.

No se desanime. Usted puede tener el control de sus finanzas. No se deje desanimar por aquellos que le dicen que no lo va a poder hacer. El futuro está en sus manos.

B. DOS DISTINCIONES IMPORTANTES

Una vez que tenemos un plan para controlar nuestros gastos y que también tenemos un sistema de control presupuestario (sea con planillas, con un programa de computadora o con un sistema de sobres), necesitamos ahora movernos a una de las áreas más difíciles en proceso de convertirnos en sabios compradores: desprogramar nuestra mente.

Durante muchos años, las oficinas de mercadotecnia de su país han estado gastando millones y millones de dólares en programar la forma en la que usted responde al mundo que lo rodea. Le advierto: no será fácil borrar el daño que le han hecho. Pero una vez que pongamos su mente y su corazón en libertad, usted nunca más volverá a ser presa de las campañas publicitarias que le lavan el cerebro a millones de sus compatriotas día tras día.

Lo primero que tenemos que reprogramar en su mente es la forma en la que usted habla. Durante decenios los medios de comunicación social nos han enseñado a hablar de una manera muy particular en lo que respecta a los bienes de consumo: nos han enseñado a tener necesidades que no existen.

En realidad, tengo magníficos amigos que se ganan la vida, alimentan a su familia y educan a sus hijos con el salario que reciben por ser parte de una oficina publicitaria o una oficina de mercadeo en Latinoamérica. Una de sus tareas principales es la creación de necesidades inexistentes en la mente de los consumidores. Esos somos usted y yo.

Es por eso que una de las primeras cosas que debemos hacer es aprender a hablar. Debemos aprender a diferenciar entre necesidades, deseos y gustos.

Antes de clarificar estos dos conceptos quisiera recalcar que no está mal tener deseos o gustos y satisfacerlos. No estamos promoviendo el masoquismo. Sin embargo, para llegar a ser un comprador inteligente es importantísimo tener en claro cuáles son realmente nuestras necesidades y cuáles no lo son.

Debemos satisfacer nuestras necesidades primeramente, y luego satisfacer nuestros deseos y gustos solo en el caso de que tengamos los recursos económicos disponibles para hacerlo.

El problema es que las campañas publicitarias nos han enseñado a hablar mal. Nos han enseñado a decir que todas las cosas que queremos comprar son «necesidades». Los varones decimos «necesito una computadora, o «necesito unas vacaciones en el mar»; la hija más pequeña dice «necesito un vestido rojo para Navidad»; la señora de la casa dice «necesitamos un televisor nuevo»...

¿Cómo compro inteligentemente?

Cuando empezamos a decirnos en voz alta que «necesitamos» algo, creo que nuestro cerebro se convence de que es una «necesidad» y comienza a buscar la forma de proveer para esa necesidad. Debemos aprender a usar un vocabulario diferente al momento de hablar de compras.

1. LA NECESIDAD

Cuando tomé mis clases de psicología en la universidad, se estudió en alguna de ellas la famosa escala de Maslow. Esa escala dividía las necesidades del ser humano en cinco áreas generales que iban desde las más básicas (fisiológicas) hasta la necesidad de sentirse realizado (pasando por la necesidad de seguridad, pertenencia y estima propia).[15]

Sin embargo, para los propósitos de nuestro estudio voy a definir como «necesidad económica» todas aquellas cosas que realmente necesitamos para sobrevivir: comida, vestimenta, un techo sobre nuestra cabeza, etc. No solamente cosas materiales o corporales, sino todo aquello que estemos necesitando verdaderamente para nuestra supervivencia como seres humanos (por ejemplo seguridad, salud, transporte, etc.).

Nosotros debemos colocar nuestras necesidades en el nivel de prioridad más alto. Debemos buscar suplirlas a toda costa. Allí deben ir nuestros recursos financieros sin mayores dudas ni retrasos.

2. LOS DESEOS (DE CALIDAD O PROPIAMENTE DICHOS)

Cuando hablamos de las compras que tenemos que hacer, todo aquello que no es una necesidad, es un deseo. Ya sea un deseo cualitativo, en el que expresamos el deseo de una calidad más alta por una necesidad determinada, o un deseo propiamente dicho, en el que simplemente quisiéramos tener algo que nos gusta.

Un deseo cualitativo podría ser, por ejemplo, un buen trozo de bistec en lugar de una hamburguesa. El alimento es una necesidad básica del cuerpo. Pero, en este caso, uno está queriendo satisfacer esa necesidad con un producto más costoso y de más alta calidad: un bistec. Lo mismo podría ocurrir en las otras áreas de necesidades reales en nuestra vida: podemos comprar un vestido en una tienda de vestidos usados o podemos comprar uno de alta confección. En ambos casos la vestimenta es una necesidad, pero la forma en la que queremos satisfacer esa necesidad puede transformar la compra en un deseo.

Un deseo propiamente dicho es todo aquello que no tiene nada que ver con una necesidad. Comprarnos un gabinete para el televisor, una mesa para el patio de la casa, una videograbadora, un velero u otra propiedad para hacer un negocio con ella pueden ser ejemplos de este tipo de deseos.

Nosotros deberíamos satisfacer nuestros deseos solamente después de satisfacer nuestras necesidades y si tenemos los recursos económicos para hacerlo.

Por lo tanto, antes de salir de compras es importante que tengamos en claro lo que es una necesidad y lo que es un deseo. En estos días la gente tiene la tendencia a decir «necesito una computadora» o «necesitamos una máquina fotográfica», cuando en realidad deberían decir «¡cómo quisiera comprarme una computadora!» o «¡cómo nos gustaría tener una máquina fotográfica!»

Lamentablemente, en los últimos 30 años hemos pasado a través de un proceso de condicionamiento para comenzar a hablar de «necesidades» en lugar de reconocer nuestros deseos. Al hacerlo creamos una ansiedad interior que nos impulsa a satisfacer esa «necesidad». Es entonces cuando invertimos nuestro dinero en cosas que realmente podrían esperar y nos olvidamos de proveer para aquellas cosas que realmente necesitamos (ya sea en forma inmediata como a largo plazo).

Finalmente, debemos tomar nota de que no siempre lo que parece un ahorro realmente lo es. Por un lado porque, como dicen muchas damas del continente, «lo barato sale caro». En algunas circunstancias nos conviene comprar cosas de mejor calidad, pero que nos durarán de por vida, que cosas de baja calidad que tendremos que reemplazar cada cierta cantidad de años.

Y por otro lado no siempre es una buena idea comprar «ofertas». Si yo compro 10 jabones de lavar la ropa porque estaban casi a mitad de precio y después de dos días me quedo sin dinero para comprar leche, he hecho una mala inversión. Ahora tengo dinero sentado en la repisa del cuarto de lavar la ropa que se me ríe en la cara, porque no puedo prepararme un café con jabón: necesito leche. Este es un típico caso en el que no me conviene «ahorrar gastando».

Sin embargo, si el almacén de la esquina de mi casa está ofreciendo 2 litros de leche por el precio de uno, yo debería inmediatamente tomar la oferta (especialmente si tengo niños en casa). La leche es un elemento de consumo diario y una necesidad básica para mi supervivencia. El jabón de lavar la ropa y otros limpiadores pueden ser reemplazados por alternativas más baratas.

Esto último de comprar más de lo que uno necesita y tener dinero estancado en las alacenas de la casa es un problema que millones de negociantes confrontan cada día a lo largo y a lo ancho del mundo. Lo crea o no, el manejar la economía de un hogar tiene mucho que ver con la forma en la que se maneja la economía de un negocio, incluso, con la forma en la que se maneja la economía de un país.

3

¿Cómo comprar una vivienda inteligentemente?

«Si alguno de ustedes quiere construir una torre, ¿qué es lo primero que hace? Pues se sienta a pensar cuánto va a costarle, para ver si tiene suficiente dinero. Porque si empieza a construir la torre y después no tiene dinero para terminarla, la gente se burlará de él. Todo el mundo le dirá: "¡Qué tonto eres! Empezaste a construir la torre y ahora no puedes terminarla"».[16]

—NUESTRO SEÑOR JESUCRISTO

La compra de la casa (o un departamento) es para la mayoría de nosotros la inversión de dinero más grande e importante que haremos en nuestras vidas. Es un asunto serio y hay que manejarlo con cuidado. También es una de las mejores inversiones que podemos hacer: es segura, es estable, tiene un valor real y suban o bajen los precios de las casas, siempre necesitaremos un lugar donde vivir y (en el 90% de los casos) es mejor ser dueños que inquilinos.

En este capítulo hablaremos continuamente de una «casa». Sin embargo, cada vez que digamos la palabra «casa» en realidad estaremos hablando de una *vivienda*. Esa palabra incluye apartamentos, condominios, departamentos, ranchos, estancias, residencias o un simple techo para la familia. Sea como fuere que se llame en su país o sea cual fuere su necesidad de proveer un lugar para la vivienda de su familia.

Otra de las salvedades que debemos hacer es que este libro será distribuido por todo el continente. En cada país las leyes son diferentes, e incluso en los Estados Unidos, en cada estado las leyes son distintas. Entonces lo invito a leer con énfasis las partes filosóficas de este capítulo, y a los que viven en los Estados Unidos y Puerto Rico a prestar mucha atención a las aplicaciones prácticas que estoy incluyendo.

Es en situaciones como estas (cuando tenemos que hacer una compra de muchos miles de dólares) cuando todo lo que hemos visto hasta este momento en este libro comienza a jugar un papel importantísimo en el éxito de nuestra economía. Nuestros principios y valores nos llevarán indefectiblemente a tomar decisiones que pueden convertirse en una bendición o en una maldición para nuestro futuro económico.

Después de haber escuchado tantas historias de terror (y tantas de victoria), me gustaría presentarle de mi experiencia personal lo que creo que puede serle de mayor ayuda al momento de decidir comprar la casa en la que va a invertir tantos recursos económicos.

Vamos a dividir esta sección en tres partes:

A. ¡Prepárese para la compra!
B. ¡No se deje robar!
C. Opciones para la vivienda

A. ¡PREPÁRESE PARA LA COMPRA!

1. Análisis presupuestario
2. Confirmación de capacidad crediticia (buen crédito)
3. Salir a comprar… un préstamo
4. Hacer una lista
5. Buscar una casa y comprarla

1. Análisis presupuestario

Todo el proceso de compra debe empezar por hacer un buen plan de control de gastos y luego permitir que ese plan sea el que nos guíe en las decisiones que habremos de tomar. Un gran error que cometen las parejas e individuos hoy en día es que salen a «mirar casas» sin tener una idea apropiada de cuánto pueden gastar.

Mucha gente *cree* saber cuánto puede gastar, pero la mayoría tiene una idea un tanto distorsionada de la cantidad máxima de dinero que pueden pagar por una vivienda. En el capítulo 2-A (*Un plan para respetar*) ya hablamos de cómo desarrollar un plan de control de gastos —un presupuesto— y de cómo controlarlo.

Ahora es el momento de usar su presupuesto como una herramienta que lo ayude en la toma de decisión. A continuación daré un ejemplo muy concreto para ciertos países del continente. Si bien los porcentajes y los números no serán los mismos en todo el continente, el principio se aplica de igual manera: debemos empezar por saber cuánto dinero *realmente* tenemos disponible para los gastos de vivienda antes de tomar ningún otro paso en el proceso.

EJEMPLO: Supóngase que usted vive en Canadá, los Estados Unidos o Puerto Rico y su DD semanal es de US$500, unos US$2.000 por mes. Recordemos que nuestro DD es el dinero que nos queda en el bolsillo después de «dar a César lo que es de César y a Dios lo que es de Dios» (DD = salario - impuestos, diezmos, donativos, ofrendas).

Para saber cuánto puede gastar en comprar una casa, primero debe calcular los gastos máximos mensuales que podemos tener en la categoría «vivienda»: 38% del Dinero Disponible. Eso se calcula multiplicando DD x 0,38.

Entonces: US$2.000 x 0,38 = US$760

Esa es la cantidad máxima de dinero que usted debería estar gastando mes tras mes en la categoría correspondiente a

la vivienda. Quizá podría estirar el número hasta los US$800...
¡pero no más! Nunca debería gastar más del 40% de su DD en
la vivienda. Si lo hace, tendrá problemas para pagar otros
gastos presupuestarios.

Esa cantidad incluye la hipoteca o el alquiler, los impuestos,
los seguros, el agua, el gas, la electricidad, el cable, el teléfono,
Internet... ¡todo!

Es un cálculo diferente del que normalmente hacen los
bancos y compañías financieras. Ellos multiplican su salario
total mensual por 0,28 porque, por supuesto, quieren prestarle
la mayor cantidad de dinero que pueden, pues de eso comen.
Sin embargo, usted no necesita gastar todo lo que el banco le
quiere prestar.

Es mejor ser más conservador y estar seguros de que su familia
tiene dinero, no solamente para pagar la hipoteca, sino que
también tiene para ahorrar, para educar a los hijos, para la ropa y
para mantener la casa (que a veces es tanto o más costoso que los
pagos mensuales).

Los bancos no quieren que usted tenga comprometido más
del 36% de su salario bruto a pagos de deudas, incluyendo la
casa, el auto, tarjetas, etc. En general, los prestamistas dicen que
una familia no debería gastar más de un cuarto del salario bruto
mensual en el gasto de vivienda y no más de un tercio en todas
sus deudas. A pesar de que nosotros somos más conservadores,
le doy los datos, para que sepa cómo lo van a precalificar para un
préstamo en su banco.

Volvamos a nuestro ejemplo y hagamos el cálculo correspondiente:

Dinero que tenemos para gastar: US$760
Gastos que creemos que vamos a tener:

Luz...	50
Gas...	30
Teléfono...	30
Cable...	15

Cable...	15
Internet...	no tenemos
Agua...	20
Arreglos...	40
Otros...	50
TOTAL	US$235

Entonces, el dinero que me queda para pagar el alquiler o para pagar la hipoteca, los impuestos y el seguro de la casa será: 760 - 235 = US$**525**

Esa cantidad no es muy grande, especialmente en los Estados Unidos, donde el pago promedio de la hipoteca de una casa puede llegar a ser 2 o 3 veces esa cantidad. Sin embargo, si esas son sus entradas de dinero, esa también es la cantidad que usted tiene para la hipoteca + intereses + impuestos + seguros.

Recuerde que si usted no da un depósito de por lo menos el 20% del valor del préstamo, el banco le exigirá tener un *seguro hipotecario privado* (o *Private Mortgage Insurance* en inglés, llamado comúnmente *PMI*). Este, aparte de otros seguros de la casa que le pida tener.

Solución: la única solución a la falta de dinero para comprar y mantener la casa es hacer una de estas tres cosas: 1) Aumentar sus entradas. 2) Disminuir sus gastos o... 3) ¡Hacer las dos cosas anteriores a la vez!

A continuación le doy un cuadro para que compare su DD con la cantidad que le sugiero que invierta mensualmente en su vivienda (todos los gastos incluidos).

DD	Vivienda		DD	Vivienda		DD	Vivienda
1200	**456**		2200	**836**		3200	**1216**
1400	**532**		2400	**912**		3400	**1292**
1600	**608**		2600	**988**		3600	**1368**
1800	**684**		2800	**1064**		3800	**1444**
2000	**760**		3000	**1140**		4000	**1520**

¿Está evaluando comprar una casa? Primero piense: *¿cuáles creo que serán los gastos de vivienda aparte de la hipoteca o del alquiler?* Escríbalos a continuación:

Gastos de vivienda (Sin hipoteca ni renta)	
Luz	_____
Gas	_____
Teléfono	_____
Agua	_____
Mantenimiento	_____
Cable	_____
Internet	_____
Barrido y limpieza	_____
Otros gastos	_____
Sume todas las cantidades. [B]	

¿Quiere saber cuánto puede pagar de renta o hipoteca? Haga el siguiente cálculo:

1. ¿Cuál es su DD mensual multiplicado por 0,38? [A]= DD x 0,38	
2. ¿Cuáles son sus gastos de vivienda? (sin hipoteca ni renta) [B]	
Haga la resta de [A] - [B] ⟶ Este es el dinero que le queda para la hipoteca + intereses + impuestos + seguros	

Esta es la cantidad total de pago que usted puede hacer para alquilar o para pagar la hipoteca de la casa que quiere comprar juntamente con los impuestos y los seguros. Puede que no sea mucho, pero eso es lo que tiene y debe ajustarse a esa cantidad.

¿Cómo comprar una vivienda inteligentemente?

Un agente inmobiliario (vendedor de casas) le puede ayudar a hacer los cálculos para saber cuál debería ser el préstamo total para comprar su casa, una vez que usted sabe la cantidad máxima que puede pagar mensualmente por la hipoteca, intereses e impuestos.

Ejemplo (cantidades aproximadas):

Pago	Mensual	Total			Préstamo	Anticipo	Precio
6%	7%	8%	10%	12%			
324	359	396	473	555	54.000	6.000	60.000
378	419	462	552	648	63.000	7.000	70.000
432	479	528	632	741	72.000	8.000	80.000
539	599	660	790	926	90.000	10.000	100.000
779	865	954	1.141	1.337	130.000	20.000	150.000

Tomando en cuenta el ejemplo que veníamos estudiando —un DD de US$2.000 mensuales— hemos remarcado en gris los casilleros correspondientes al máximo pago mensual que podría estar haciendo, de acuerdo con los intereses con que cierre el negocio. Como ve, la cantidad máxima de dinero que debería pedir prestada es de menos de US$90 mil al 6% anual.

Probablemente el banco le apruebe un pago mensual de unos US$800, permitiéndole comprar, al 6%, «la casa de sus sueños» con una deuda de US$130 mil...

Aquí es donde usted debe confiar en los 25 años de experiencia que tenemos en *Conceptos Financieros* ayudando a miles de personas como usted. Aquí está la diferencia entre un comprador inteligente y uno que no lo es.

Alternativa creativa: Jorge y Alicia se acaban de casar en el área de Mayagüez, Puerto Rico. El papá de Alicia es el dueño de un supermercado. Hace unas semanas atrás, los llamó y les dijo que podrían ir al supermercado y sacar lo que quisieran de allí en forma totalmente gratuita: comida, limpiadores, etc. Esa sería la contribución de los padres de Alicia para la nueva familia. Ese regalo, obviamente, le ahorrará a la nueva pareja un 15% de su presupuesto. Con ese dinero podrán adquirir una casa más confortable que les tome, si quieren, hasta el 50% de su DD... siempre y cuando el papá de Alicia continúe siendo dueño del supermercado.

Usted también puede «rearreglar» las asignaciones de su presupuesto para poder hacer un gasto más alto. Pero... ¡CUIDADO!, ese es uno de los errores más comunes entre nuestras familias latinas: asignamos demasiado a la vivienda y no proveemos lo suficiente para otras categorías.

Si usted está gastando más del 38% de su DD en la vivienda, está jugando con fuego... Maneje sus cálculos y sus pronósticos económicos con muchísimo cuidado.

1. Análisis presupuestario
2. Confirmación de capacidad crediticia (buen crédito)
3. Salir a comprar... un préstamo
4. Hacer una lista
5. Buscar una casa y comprarla

2. Confirmación de capacidad crediticia (buen crédito)

Cuando vivíamos en Latinoamérica, antes de la década del 1980, el dinero en efectivo era el «rey». El que tenía la capacidad de pagar algo en efectivo era considerado como una persona exitosa.

Eso ya no es verdad en muchos de nuestros países y, en realidad, hoy en día en los Estados Unidos si uno no tiene «buen crédito» puede perder miles y miles de dólares. Si usted quiere comprar una casa de US$100 mil a 30 años, la diferencia entre pagar un 6% y un 7% de interés es de casi ¡US$24 mil!

La capacidad y la calidad crediticia de un consumidor determina el porcentaje que le cobrarán para prestarle dinero para una casa o un auto, determina si le darán un mejor trabajo o no y determina incluso si usted pagará menos en sus pólizas de seguro de la casa o de seguro de vida.

El crédito se mide con puntos. Pero este sistema de puntos no es universal. Cada prestamista tiene el derecho de aplicar su propio sistema de puntos para evaluar su capacidad crediticia.

Sin embargo, el sistema de puntos más popularmente usado por las empresas y bancos prestamistas se llama FICO y lo provee una organización llamada *Fair Issac*. Entonces, su capacidad de crédito se evalúa, por un lado, por los informes de crédito que ofrecen ciertas compañías privadas como un servicio a empresas y bancos; y, por el otro, por el puntaje FICO, normalmente llamado *credit rating* o *credit score* (voy a utilizar ciertos términos en inglés porque ese es el idioma en el que se manejan los informes de crédito en los Estados Unidos). De esa manera sabrá de lo que estamos hablando). Su *rating* determina qué tan buen cliente es, cuál es su capacidad adquisitiva y cuál es su capacidad y seriedad al momento de devolver el préstamo.

Los puntos (o *rating*) FICO se miden dándole al consumidor un mínimo de 300 y hasta un máximo de 850 puntos. Con un mínimo de 650 puntos usted puede ser considerado un *prime borrower*, o «cliente de primera», y puede comenzar a recibir tasas de crédito especiales y un tratamiento favorable.

La pregunta del millón de dólares es: ¿cómo sé cuál es mi nivel de crédito?

En los Estados Unidos hay tres compañías que son las más conocidas en el ámbito de ofrecer informes de crédito: Equifax, Experian y Trans-Union. A continuación le ofrezco los datos de cada una de estas compañías para que se ponga en contacto con ellas y les pida una copia de su *credit report*.

En el estado en el que vivimos, estas empresas tienen la obligación de proveernos en forma gratuita nuestro informe de crédito, hasta un máximo de 2 veces al año. Averigüe cuál es la ley en su estado. De todas maneras, llame y pida su informe de crédito antes de salir a comprar una casa.

Una vez que lo tenga, léalo en detalle y corrija cualquier error que encuentre (no es raro encontrar errores). Es importante contactar a las empresas por escrito y pedir que cambien los errores que haya en su *credit report*. Para que le provean la información de cuál es, específicamente, su *score*, su *credit rating* o FICO, probablemente tenga que pagar algo de dinero. Hágalo. Vale la pena saberlo.

Aquí van los datos de dónde pedir sus informes de crédito:

Equifax (800) 685-1111 Equifax Credit Information Services, Inc. P.O. Box 740241 Atlanta, GA 30374 www.equifax.com	**Trans Union LLC** **Consumer** **Disclosure Center** (800) 888-4213 P.O. Box 1000 Chester, PA 19022 www.transunion.com
Experian (888) 397-3742 (888) EXPERIAN P.O. Box 2002 Allen, TX 75013 www.experian.com	**Experian** **Hispanoamérica:** www.experian.com.ar

¡CUIDADO! Hemos notado que hay una cantidad de empresas que le ofrecen informes de crédito «gratis». Sin embargo, muchas le solicitan una tarjeta de crédito para realizar la transacción. La razón es que, en la mayoría de los casos, si bien le están proveyendo el informe «gratis», también le están cobrando por un servicio que quizás usted no necesite (como, por ejemplo, el monitoreo de su crédito). Lo mejor es contactarse con las empresas que le he mencionado anteriormente en forma individual y reclamarles una vez al año el informe gratuito que se le permite tener por ley.

La pregunta de los 2 millones de dólares es: ¿cómo puedo mejorar mi crédito?

Esta es una pregunta que surge en casi cada programa de llamadas telefónicas al aire que hago de vez en cuando por radio. Aquí van algunos consejos:

- Pague sus cuentas a tiempo.
- Viva una vida libre de deudas...
- ...o por lo menos mantenga sus deudas a menos del 20% de sus ingresos anuales.
- Tenga una o dos tarjetas de crédito. Eso no quiere decir que acumule deudas.
- No tener tarjetas le quita puntos, tener demasiadas también.
- Compre con las tarjetas y pague cada mes el 100% del balance.
- Plántese en algún lugar del país. Mudarse le quita puntos.
- Manténgase en un mismo trabajo. Cambiar de trabajo le quita puntos.
- Revise sus informes de crédito y corríjalos con regularidad.

¡CUIDADO! Hay muchas empresas que le ofrecen «arreglarle el crédito». Algunas, honestamente, lo llevarán a través de un proceso de sanidad financiera para que su puntaje mejore. Sin embargo, no necesita pagar por un servicio que cada uno de nosotros puede hacer por cuenta propia.

El problema se presenta con algunas empresas inescrupulosas que no solamente le quitarán su dinero, sino que también podrán llegar a hacer actos ilegales, como solicitar otro número de Seguro Social o de EIN. Sabemos de gente que no solamente no pudo arreglar su crédito, sino que ahora tiene desarreglada también su vida... ¡Están tras las rejas!

¿Cómo compro inteligentemente?

La pregunta de los 3 millones de dólares es: ¿cómo mejoro mi crédito?

Aquí van algunos consejos útiles sobre cómo mejorar su crédito:

- Pida sus informes de crédito a Experian, Equifax y Trans-Union.
- Solicíteles que cambien cualquier información equivocada.
- Contacte a sus acreedores. Pídales que quiten de su informe de crédito cualquier información que no sea correcta.
- Pídales, también, a aquellos acreedores que recibieron su pago, pero por error pasaron algún informe negativo a las compañías informantes antes mencionadas, que rectifiquen ese error en el informe.
- Pague todas sus deudas. Para requerir ayuda, póngase en contacto con las oficinas de Conceptos Financieros Crown más cercanas a su domicilio.
- Comience a realizar todos sus pagos a tiempo.
- Construya un buen historial de crédito con las recomendaciones que le dimos antes.

1. Análisis presupuestario
2. Confirmación de capacidad crediticia (buen crédito)
3. Salir a comprar... un préstamo
4. Hacer una lista
5. Buscar una casa y comprarla

3. SALIR A COMPRAR... UN PRÉSTAMO

Ya sé que a estas alturas usted y su esposa están sufriendo de un ataque de ansiedad por salir a ver algunas casas. Sin embargo, tómese un par de aspirinas y ármese de paciencia.

¿Cómo comprar una vivienda inteligentemente?

Antes de salir a dar vueltas con intenciones de encontrar la casa de sus sueños, primero necesita saber si tiene suficiente dinero para comprarla. Este es un consejo de todo corazón: no salga a mirar casas si no tiene el dinero en la mano, o por lo menos un préstamo preaprobado. Eso significa que el banco le ha dado a usted una carta confirmando que ha sido preaprobado por una cierta cantidad de dinero. Esto es como tener dinero en efectivo al momento de negociar la compra de su casa.

Si no lo hace, sus sentimientos le tenderán una trampa vil y usted caerá presa del tipo de errores que cometen miles y miles de latinoamericanos: entusiasmarse con una casa demasiado grande para ellos y gastar más de lo que deben porque se han «enamorado» de la propiedad.

Si me hace caso, verá que el proceso de selección y compra le será mucho más fácil.

Recuerde que el dinero es un bien, un producto. Salir a buscar dinero es igual que salir a buscar papas, cebollas, carne o un lavarropas. El proceso funciona de la misma manera: Usted necesita «alquilar» dinero por una cierta cantidad de años y hay un grupo de comerciantes que están dispuestos a «alquilarle» el dinero por un determinado costo mensual o anual (ese «alquiler» que paga se llama *intereses*).

¿Adónde puede ir en búsqueda de un préstamo?

Si tiene una computadora y vive en los Estados Unidos, busque ofertas en Internet. Contacte también al banco con el cual usted hace negocios regularmente, donde tiene su cuenta de cheques o de ahorros. Póngase también en contacto con algún banco pequeño del barrio o el pueblo donde usted vive. Muchas veces es mucho más fácil trabajar con bancos pequeños que con grandes.

Finalmente, puede también averiguar en algunas cooperativas de crédito (*credit unions*, en inglés), porque estas organizaciones a veces tienen planes especiales que pueden ayudarlo a obtener mejores condiciones para su préstamo.

Cuando busqué en Internet tasas de interés para hipotecas (*mortgage rates*) aparecieron como resultado un poco más de ¡423.000 sitios! Imposible evaluarlos a todos. Cuando escribí en español «préstamos hipotecarios», me encontré con otros 2.500 sitios más.

Le ofrezco a continuación algunos lugares en Internet que estuve visitando y que me parecieron bastante informativos:

www.lendingtree.com
www.bankrate.com
www.compareinterestrates.com
www.interest.com
www.planetloan.com
http://biz.yahoo.com/b/r/m.html
www.tucasa.com
www.eluminas.com

Mi recomendación es que si usted tiene acceso a Internet visite estos lugares, pero que también haga su propio trabajo de investigación.

¿Qué tipo de préstamos hay disponibles?

Generalmente, cuando uno no tiene el dinero en efectivo para pagar el 100% de la casa, puede obtener un préstamo de dinero a largo plazo (normalmente entre 15 a 30 años) para poder comprarla. Como garantía de ese préstamo es posible colocar la misma propiedad que está comprando y el compromiso personal de pagar el total adeudado. De aquí la importancia de tener un buen crédito.

Este tipo de préstamo se llama *hipotecario*: mientras usted no pague el 100% de su deuda, la casa le pertenece al acreedor de la hipoteca. A nosotros nos gusta hablar de *nuestra* casa, pero en realidad, de lo único que somos dueños es de una preciosa... ¡hipoteca!

Existe una variedad de préstamos hipotecarios. En realidad, en los Estados Unidos usted puede modificar cualquier parte del préstamo, siempre y cuando el prestamista esté de acuerdo en hacerlo. *Lo que se firma es ley,*¡casi sin importar lo que se firme! Es por eso que debe tener muchísimo cuidado con lo que firma.

Normalmente, a los créditos hipotecarios se los clasifica de acuerdo con su:

- Duración: 10, 15, 20 y 30 años.
- Tipo de tasa: *fija* (el interés no cambia a través del tiempo), o *variable*.
- Tipo de crédito: convencional, VA, FHA, jumbo, asumible, privado...

Duración:

El Dr. Larry Burkett, que fue cofundador de *Crown Financial Ministries*, siempre recomendó tomar un préstamo por la mayor cantidad de tiempo posible, pero pagarlo lo más rápido que pueda. La razón es que es posible firmar un contrato para pagar el préstamo en 30 años y, luego, pagarlo en 15. Pero si uno se compromete a pagarlo en 15 y después, por algún problema, no le alcanza el dinero para la mensualidad, va a ser mucho más difícil cambiarlo a un préstamo a 30 años.

Tasa de interés:

La tasa de interés fija o variable (también llamada ARM) debe elegirla de acuerdo con su preferencia. Yo crecí en un país con hiperinflación y jamás podría dormir tranquilo con una tasa de interés variable. ¡Hasta mis tarjetas de crédito tienen interés fijo!

Sin embargo, tengo muy buenos amigos y parientes que han tomado una tasa de interés variable (apostando a la estabilidad del país) y disfrutan tranquilamente de un interés más bajo en su préstamo hipotecario.

Navegando por Internet, en un sitio llamado eLuminas (www.eluminas.com) encontré una explicación muy clara sobre cómo funcionan las ARMs en los Estados Unidos. Le recomiendo el sitio: es bilingüe y tiene información bastante interesante. Aquí le copio lo que dice eLuminas sobre los préstamos a interés variable:

> Las hipotecas de tasa variable (*adjustable rate mortgages*, ARMs) difieren de las hipotecas de tasa fija en que la tasa de interés no es fija, sino que puede fluctuar según las condiciones del mercado. En general, cuando las tasas de interés del mercado suben, sus pagos hipotecarios mensuales suben. Cuando las tasas de interés bajan, sus pagos hipotecarios mensuales bajan. Una ARM se puede fijar a diversos índices del mercado para determinar su tasa. El índice más común es la U.S. Treasury Bill de un año. El prestamista tomará este índice y añadirá un margen del 2% al 4% para fijar la tasa de interés real de la ARM.

Consejo: Busque un prestamista que añada un margen del 2%, no del 4%.

Debido a que el prestatario comparte el riesgo de las tasas de interés con el prestamista al acceder a una tasa fluctuante, las ARMs ofrecen tasas de interés iniciales más bajas que las hipotecas de tasa fija. Esto significa que los pagos hipotecarios mensuales pueden ser más bajos, permitiéndoles a los compradores tomar prestado un poco más de lo que podrían con una hipoteca de tasa fija. Sin embargo, tenga en cuenta que las tasas de interés pueden subir. En un año o dos, dependiendo de las condiciones del mercado, sus pagos podrían exceder en mucho lo que habría pagado por una hipoteca fija a 30 años.

La tasa de interés inicial de una ARM es fija. La diferencia principal entre las diversas ARMs es la duración de este período fijo. Algunos préstamos ajustan la tasa de interés todos los años, mientras que otros tienen un período inicial de tasa fija de tres, cinco, siete o incluso diez años, tras el cual se ajusta la tasa anualmente. Cuanto más corto sea el período fijo inicial, más baja será la tasa inicial. Cuanto más largo sea el período fijo inicial, más alta será la tasa de interés. Un prestatario puede elegir entre las siguientes opciones de tasa variable:

ARM de 1 año - Un préstamo a 30 años con una tasa de interés y pagos mensuales que se ajustan anualmente.

ARM de 3/1 - Un préstamo con una tasa de interés fija y pagos mensuales fijos durante los 3 primeros años, y después una tasa de interés ajustable anualmente durante los 27 años restantes.

ARM de 5/1 - Un préstamo con una tasa de interés fija y pagos mensuales fijos durante los primeros 5 años, y después una tasa de interés ajustable anualmente durante los 25 años restantes.

ARM de 7/1 - Un préstamo con una tasa de interés fija y pagos mensuales fijos durante los primeros 7 años, y después una tasa de interés ajustable anualmente durante los 23 años restantes.

ARM de 10/1 - Un préstamo con una tasa de interés fija y pagos mensuales fijos durante los primeros 10 años, y después una tasa de interés ajustable anualmente durante los 20 años restantes.

Una ARM de 1 año es la opción más arriesgada porque la tasa de interés inicial se fijará por solo un año, y después fluctuará según el mercado. Debido a que es la más arriesgada, ofrecerá también la tasa de interés inicial más baja de todas las opciones anteriores. Al otro extremo, la ARM de 10/1 es la menos arriesgada porque le ofrece una tasa fija durante diez años antes de que se le permita fluctuar según el mercado. Debido a que es la menos arriesgada, también tendrá la tasa de interés más alta. *Lo idóneo es adecuar el préstamo al período de tiempo que usted piensa vivir en la casa. Por ejemplo, si piensa mudarse dentro de tres años, una hipoteca de 3/1 es una excelente opción.*

Otros datos importantes sobre las ARMs. La cantidad en la que se puede ajustar una hipoteca variable tiene un límite. Los prestamistas limitan la cantidad en que puede subir o bajar la tasa de interés, a menudo a no más del 2% al año, con un límite vitalicio del 6%. Esto significa que si usted empieza con una hipoteca variable de un año al 6%, lo más que puede subir la tasa el año siguiente es el 2%, de modo que la tasa máxima del año siguiente sería un 8%. Estos aumentos podrían continuar, pero solo hasta que la tasa de interés llegara al 12%. Ahí el límite vitalicio del 6% impediría que la tasa siguiera aumentando. Por ejemplo, lo peor que podría pasar es esto:

Año 1: La tasa de interés es del 6%.

Año 2: Las tasas están subiendo. El máximo aumento anual permitido es del 2%, así que la tasa de interés sube al 8%.

Año 3: Las tasas siguen subiendo. El máximo aumento anual permitido es del 2%, así que la tasa de interés sube al 10%.

Año 4: Las tasas siguen subiendo. El máximo aumento anual permitido es del 2%, así que la tasa de interés sube al 12%.

Año 5: Las tasas siguen subiendo. No se permiten más aumentos porque se ha alcanzado el límite vitalicio del 6%. La tasa sigue siendo del 12%.

Año 6: Lo mismo que el año 5.

Algunas ARMs incluyen una *provisión de convertibilidad* que le permite convertir el préstamo en una hipoteca de tasa fija en momentos especificados durante los primeros cinco años del préstamo.

Las ARMs también pueden ser *asumibles*, lo que quiere decir que cuando usted venda su vivienda, es posible que el comprador reúna los requisitos necesarios para asumir su hipoteca pendiente. Esto podría ser atractivo si las tasas de interés hipotecarias son altas.

Las hipotecas de tasa variable pueden ser muy tentadoras debido a sus bajas tasas de interés. Sin embargo, usted debe preguntarse sobre todo si *será capaz de efectuar los pagos hipotecarios máximos de una ARM si ocurre lo peor (es decir, los años 5 y 6 en el ejemplo anterior)*. Si contesta que SÍ a esta pregunta, entonces puede considerar la posibilidad de una hipoteca de tasa variable.[17]

Clasificación de los préstamos

El tipo de crédito depende de su situación particular y de los productos que se ofrezcan en su propio país. Permítame comentarle algunas variedades existentes en los Estados Unidos.

- La *hipoteca convencional* es la más común en los Estados Unidos.
- El *préstamo VA* es para los veteranos de guerra.
- El *préstamo FHA* es garantizado por el Departamento de Vivienda del gobierno federal (la *Federal Housing Authority*). Para acceder a este tipo de préstamo y a sus ventajas crediticias debe cumplir con ciertos requisitos predeterminados.
- Las *hipotecas jumbo* son préstamos no convencionales por cantidades mayores a los US$250.700 (para casas unifamiliares), que tienen tasas de interés más altas y

características particulares por no poder ser compradas por las corporaciones gubernamentales Fannie May y Freddie Mac. Estas corporaciones de carácter público recompran una gran cantidad de hipotecas en el país, asegurando de esa manera que haya préstamos disponibles para la gente que quiere comprar su casa.

- La *hipoteca asumible* es un préstamo en el que usted puede asumir los pagos de la hipoteca que estaba haciendo el antiguo dueño de la casa y continuar pagándola. No es muy común, pero existe. La gran ventaja es que uno puede asumir la tasa de interés (si es más baja) del deudor anterior y, además, se ahorra una gran cantidad de dinero en el proceso de la compra. La desventaja es que es necesario tener el dinero en efectivo suficiente para pagar la parte de la hipoteca que ya ha pagado el dueño anterior de la casa.

- La *hipoteca privada* es aquella en la que el vendedor mismo de la casa provee la financiación para la compra de la misma. El comprador, entonces, en lugar de hacer los pagos a un banco los hace al dueño anterior de la casa.

¿Qué son los «puntos»?

Los famosos o infames puntos (*points*, en inglés) es un cargo que cobran los bancos en el proceso de facilitarle el préstamo hipotecario. Es una especie de «adelanto» del interés que le cobrarán durante los próximos 30 años y pueden inflar seriamente sus gastos al momento de concretar el préstamo. Los puntos son porcentuales de su préstamo.

Por ejemplo: si usted pide un préstamo de $90 mil, un punto representaría al 1% de esa cantidad: $900. Usted deberá pagar esa cantidad como parte de los gastos de cerrar el negocio del préstamo hipotecario.

Generalmente, cuantos más puntos paga al momento del cierre, menor será la tasa de interés... y lo opuesto también ocurre.

Sin embargo, mi recomendación es que salga al mercado de las finanzas, lea los diarios, visite varios bancos y entidades prestamistas, acceda a Internet y busque el producto que más le convenga. No se «case con nadie». Usted no está haciendo amigos. Está haciendo negocios. Demande las mejores condiciones posibles para su préstamo. Recuerde que estamos hablando de *su* dinero.

Permítame darle un ejemplo:

Caso 1	Caso 2
Préstamo de: $100 mil	Préstamo de: $100 mil
Tiempo: 30 años	Tiempo: 30 años
Tasa de interés: 6,5%	Tasa de interés: 6%
Puntos: 0	Puntos: 2
Pagos mensuales: $632	Pagos mensuales: $600

¿Qué le conviene más, pagar más puntos o pagar una cuota mensual más alta cada mes?

Bueno, todo depende de la cantidad de tiempo que piense quedarse en su casa (y de la cantidad de dinero que tenga ahora mismo disponible en el banco).

Si usted paga los 2 puntos, pagará $32 menos cada mes, pero tendrá que pagar $2.000 todos juntos al cerrar el trato. Le llevará *62 meses* recuperar ese dinero: un poco más de 5 años

Entonces, si está planeando quedarse en esa casa más de 5 años, vale la pena pagar los 2 puntos iniciales y ahorrarse los $32 durante los siguientes 25 años. Si piensa mudarse antes de los 5 años, pagar los 2 puntos porcentuales será una mala inversión.

¡CUIDADO! Los puntos de los que hemos estado hablando son los llamados *discount points* o *puntos de descuento*. El pago de estos puntos afecta la tasa de interés que usted paga. Existen otros puntos que se llaman *origination points o puntos de generación* del préstamo, que son puntos que usted paga simplemente por el privilegio de recibir el préstamo. No afectan en nada la tasa de interés. ¡Escápele a estos puntos como a la malaria!

¿Qué documentos necesita para pedir un préstamo hipotecario?[18]

- Declaraciones de impuestos federales de los dos últimos años.
- Formularios W-2 de los dos últimos años.
- Un cheque-nómina reciente que incluya su nombre y número de la Seguridad Social, el nombre y dirección de su empleador y lo que ha ganado en lo que va de año.
- Documentos que demuestren otras fuentes de ingresos, que podrían incluir un segundo trabajo, horas extraordinarias, comisiones y bonos, intereses y dividendos, pagos de la Seguridad Social, beneficios de veteranos y jubilación, asistencia de divorcio o separación o pagos para la manutención de menores.
- Una lista completa de sus acreedores, como tarjetas de crédito, préstamos estudiantiles, préstamos por compra de automóviles, pagos para la manutención de menores, además de los pagos mensuales mínimos y los saldos pendientes.
- Informes de inversión, incluyendo informes de fondos mutuos, títulos de bienes raíces y automóviles, certificados de Bolsa y cualquier otro tipo de inversiones o bienes.
- Cheques anulados que demuestren sus pagos de alquiler, o hipotecarios si ya es propietario de una vivienda y desea comprar una nueva.
- Hojas de saldo y declaraciones de impuestos, si trabaja por cuenta propia.

- Cualquier carta asegurando que es un regalo, si está utilizando un regalo de sus padres u otros parientes o de una organización para ayudarlo a pagar la entrada y otros gastos de compra. En esta carta solo tiene que declarar que el dinero es en verdad un regalo y que no necesita devolverlo.
- La valoración de la propiedad es tan importante como su historial crediticio para obtener un compromiso de hipoteca.

La valoración es un cálculo del valor de una propiedad, efectuado por un profesional habilitado. Es un factor crítico para determinar la cantidad de la hipoteca que aprobará su banco o compañía hipotecaria. Después de todo, la propiedad que usted compra servirá de garantía para el préstamo.

¡CUIDADO! Cuando pida información a los bancos y empresas prestamistas, exija que le suministren un estimado de buena fe (*good faith estimate*) sobre los costos totales de cerrar el trato para pedir el préstamo. A veces algunas empresas le pueden ofrecer una tasa de interés más baja, pero tienen costos escondidos y, al final, lo barato termina saliéndole mucho más caro. Abra los ojos y no se deje engañar.

Para poner en práctica
Me gustaría recomendarle una serie de preguntas para ayudarlo a pensar en el proceso de la compra de su casa. Complete estas hojas y téngalas a mano mientras sale en búsqueda de la casa que Dios tiene para usted.

1. ¿Con cuánto dinero cuenta y cuánto va a pedir prestado?
    Pago mensual *máximo* de hipoteca + intereses + seguros + impuestos: $_____
    Valor total *máximo* de la deuda que piensa contraer: $_____

2. ¿Cuál es su situación crediticia?

___ Pedir el *credit report* (informe crediticio) a Equifax.

___ Pedir el *credit report* (informe crediticio) a Experian.

___ Pedir el *credit report* (informe crediticio) a Trans-Union.

¿Cuál es su *credit score*?: _____ (¿Es mayor de 650?)

3. ¿Qué tipo de hipoteca ha decidido que necesitará para comprar su casa?

Tipo de hipoteca: _____ (convencional, FHA, VA, etc.)

Tiempo para pagarla: _____ años.

Tipo de interés: Fijo o Variable (*ARMs*)

Interés del mercado: _____%

Puntos que desea pagar: _____

Costo total del cierre (total del *good faith estimate*):_____

4. ¿Tiene los documentos que necesita para salir a pedir un préstamo hipotecario? Coloque estos documentos en una carpeta y sáquele copias para entregárselas a la entidad prestamista.

- Declaraciones de impuestos federales de los dos últimos años.
- Formularios W-2 de los dos últimos años.
- Un cheque-nómina de su salario reciente que incluya su nombre y número de la Seguridad Social, el nombre y dirección de su empleador y lo que ha ganado en lo que va del año.
- Documentos que demuestren otras fuentes de ingresos, que podrían incluir un segundo trabajo, horas extras, comisiones y bonos, intereses y dividendos, pagos de la Seguridad Social, beneficios de veteranos y jubilación,

recibos de asistencia económica por divorcio (o separación) o pagos para la manutención de menores.

- Una lista completa de sus acreedores: tarjetas de crédito, préstamos estudiantiles, préstamos por compra de auto móviles, pagos para la manutención de menores, además de los pagos mensuales mínimos y los saldos pendientes.

- Informes de inversión, incluyendo informes de fondos mutuos, títulos de bienes raíces y automóviles, certificados de Bolsa y cualquier otro tipo de inversiones o bienes.

- Cheques anulados que demuestren sus pagos de alquiler, o hipotecarios si ya es propietario de una vivienda y desea comprar una nueva.

- Hojas de saldo y declaraciones de impuestos, si trabaja por cuenta propia.

- Cualquier carta asegurando que es un regalo, si está utilizando un regalo de sus padres u otros parientes o de una organización para ayudarlo a pagar la entrada y otros gastos de compra. En esta carta solo tiene que declarar que el dinero es en verdad un regalo y que no necesita devolverlo.

NOTAS:

_____

_____

_____

_____

_____

_____

_____

_____

¿Cómo compro inteligentemente?

1. Análisis presupuestario
2. Confirmación de capacidad crediticia (buen crédito)
3. Salir a comprar... un préstamo
4. Hacer una lista
5. Buscar una casa y comprarla

4. HACER UNA LISTA

Ahora que ya tiene su préstamo hipotecario preaprobado, antes de salir en búsqueda de la casa apropiada necesita sentarse y hacer una lista de las cosas que esa casa necesita tener. Aquí hay que hacer una buena diferencia entre *necesidades y deseos*. Conteste a las preguntas: ¿qué cosas son *necesidades* (no negociables) y qué cosas son deseos (negociables)?

Por ejemplo:

NECESIDADES - NO NEGOCIABLES	DESEOS - NEGOCIABLES
• Precio: US$63 mil	• Garaje al lado de la cocina
• Escuela cerca de la casa	• Garaje para dos autos
• 3 cuartos de dormir (por la cantidad de niños en la familia)	• Jardín
• Calefacción o aire acondicionado (la casa está en Toronto, Chicago, Pampa del Infierno, Miami, Ushuaia…)	• Cocina, sala de estar y comedor en habitaciones separadas
• Sótano (en un área de tornados)	• Dos baños
• 15 a 30 minutos del trabajo	• Cerca de negocios/ centros de compra
• 10 a 15 minutos de la iglesia	• 5 a 15 minutos de los padres/ abuelos
• 10 a 15 minutos del club	• Calefacción/aire acondicionado
• Etc.	• Etc.

Conteste a continuación, ¿cuáles son sus necesidades y sus deseos respecto de la casa que está buscando?

NECESIDADES — NO NEGOCIABLES	DESEOS — NEGOCIABLES

Necesidades — No negociables	Deseos — Negociables
_____	_____
_____	_____
_____	_____
_____	_____
_____	_____
_____	_____

1. Análisis presupuestario
2. Confirmación de capacidad crediticia (buen crédito)
3. Salir a comprar... un préstamo
4. Hacer una lista
5. Buscar una casa y comprarla

5. BUSCAR UNA CASA Y COMPRARLA

Ahora que sabe cuánto puede gastar, que tiene el dinero preaprobado por el banco y una lista de las cosas que son una necesidad para usted y las que le gustaría tener como un deseo, ya puede encontrar sin ningún problema la casa que está buscando.

De ahora en adelante, la toma de decisión es fácil: la casa que no cumpla, como mínimo, con las necesidades escritas anteriormente, simplemente no es la casa que está buscando. El vendedor que no le provea la casa que usted quiere al precio apropiado, simplemente no le podrá vender esa propiedad.

La búsqueda

Comience a buscar casas en los diarios, revistas, inmobiliarias, Internet... Pero, especialmente, comience a visitar el barrio donde quiere comprar en persona. Si tiene auto, maneje. Observe cada calle, cada manzana, cada sección de la ciudad donde quiere comprar su casa.

Es por eso que, si usted se está mudando desde otra ciudad, le conviene alquilar primero, por lo menos por un año, y usar ese tiempo para descubrir el inmueble que mejor satisface sus necesidades.

¡CUIDADO!: tenga mucho cuidado con sus sentimientos. Comprométase muy seriamente a no «engancharse» emocionalmente con ninguna propiedad. Actúe como un administrador, no como un dueño. Comprométase a estar dispuesto el ciento por ciento de las veces que visita una casa o comienza una negociación a pararse, irse y abandonar el proceso de compra. Esta actitud le permitirá salir ganador en las negociaciones (y en su vida financiera a largo plazo también).

Los consejeros

Los compradores de casas se están dando cada vez más cuenta de una terrible realidad: los agentes de bienes raíces trabajan para el *vendedor*, no para el comprador. Es por eso que en muchos estados de los Estados Unidos se permite al comprador contratar a su propio agente de bienes raíces para que lo represente. El comprador no paga un centavo por ese servicio, sino que los agentes se dividen la comisión por la venta de la propiedad.

Aquí hace falta detenerse y meditar algo importante: ambos agentes reciben un porcentaje del precio de venta de la casa, lo que puede llevar a que ambos trabajen juntos para tratar de que 1) la venta se lleve a cabo, y 2) el precio de venta sea el más alto posible.

Usted debe saber *exactamente* cuál es la cantidad máxima que habrá de pagar por la propiedad, pero no debería decírselo a su agente. A él simplemente dele la cantidad de dinero de su primera oferta por la casa como la cantidad con la que él debe trabajar. Utilice a su agente para obtener información que normalmente no podría alcanzar por su propia cuenta y para negociar fuertemente con el agente del vendedor.

También debería conseguir un buen abogado especializado en el tema de bienes raíces. El tema de la compra-venta es complejo y uno necesita el consejo de un experto en las leyes que rigen las transacciones inmobiliarias. Habrá que buscar el título de propiedad del bien, verificar que todos los impuestos hayan sido pagados y estar alerta a la forma en la que se redacta el contrato de compra-venta, para que refleje claramente las intenciones y arreglos de las partes.

La actitud

Su actitud al momento de negociar es *crucial* para el éxito de la compra. Si usted quiere ser un comprador inteligente necesita encarar el proceso con la actitud correcta:

- Usted es un administrador, no el dueño de la propiedad.
- Actúe con sangre fría.
- Usted no ha venido a hacer amigos, usted ha venido a hacer un negocio.
- Esté preparado para dejar un anticipo o «enganche».
- Recuerde que todos los actores de la operación inmobiliaria están hablando de SU dinero, no del de ellos.
- Recuerde que es usted el que le va a dar de comer a ellos y no al revés.
- Usted tiene el dinero disponible y quiere comprar. El problema es de ellos que no le quieren vender. Si sus demandas son razonables, entonces la decisión de hacer el negocio está en las manos del vendedor. Si no se hace es culpa de él. Agradezca por el tiempo ofrecido y salga de la casa inmediatamente.
- Usted pone el precio de la propiedad. No importa la valuación. Conozco casas que han sido valuadas en más de US$ un millón y fueron vendidas al 30% de su valuación. El precio de una propiedad depende también

de las circunstancias particulares del momento y de la situación del vendedor.

- Si el agente del vendedor le dice que «este es el precio en el que se han vendido casas similares en este barrio», usted le puede recordar que el precio que pagaron otras personas por otras casas no necesariamente es el precio que esas personas pagarían por *esta* casa. Por algo no la compraron. Quizás el precio es demasiado alto.
- Puede preguntar, por ejemplo, si la casa ha estado en el mercado por mucho tiempo. ¿Por qué no la han podido vender?
- Busque todas las cosas que hay que arreglar en la casa y pida que le descuenten esos arreglos del precio total de la propiedad.
- Sea razonable. Escuche con atención. No se doblegue frente a la presión. Ahora usted sabe dónde está parado y sabe hasta dónde puede aflojar.
- Finalmente: tenga mucho cuidado al cerrar el trato. Una vez que usted se ha puesto de acuerdo en un trato, que ha firmado los papeles preliminares y que ha dado una seña (las arras, el anticipo) no se podrá echar atrás. En algunos lugares tiene un tiempo muy limitado para arrepentirse y recibir su dinero de vuelta.
- Una vez que uno ha hecho un voto, una promesa, la debe cumplir. Es su palabra de honor y su comportamiento revelará su propio carácter. Que su sí sea sí y su no, no.
- Una vez que encontró la casa y se comprometió a comprarla, deje de buscar. Solo le traerá dolores de cabeza porque empezará a comparar su compra con la compra que «podría haber hecho».

La casa

- Las tres cosas más importantes: 1) el lugar, 2) el lugar y... 3) ¡el lugar!

- Generalmente es mejor ser «cola de león que cabeza de ratón».
- Evite comprar la mejor casa de un barrio modesto. Es mejor comprar la casa más modesta en un mejor barrio. Será mucho más fácil de vender en el futuro.
- Asegúrese de que la casa satisface sus *necesidades* (no sus deseos).
- Contrate un inspector independiente para que la inspeccione.
- No se preocupe por cómo se ve la propiedad. Usted no compra una casa por la pintura o las alfombras que tiene.
- No cierre el trato mientras su abogado no haya investigado todos los aspectos legales de la compra, como título de propiedad, impuestos, deudas, hipotecas, etc.
- Contacte a 3 empresas aseguradoras y decídase por una de ellas antes de cerrar el trato por la compra de la casa.
- Averigüe si la casa está en una zona inundable. Visítela en un día de lluvia.
- Si la casa tiene sótano, vea en los costados de las paredes si hay señales de inundación.
- Si el lugar tiene lomas o colinas trate de comprar la casa en un lugar donde el agua pueda correr libremente y no se estanque.

Mantenga la cabeza fría y no celebre hasta que todos los papeles hayan sido firmados. Prométase a sí mismo que no se entusiasmará con la casa y que abandonará inmediatamente las negociaciones en cualquier momento si sus condiciones «no negociables» no se cumplen.

Cuando la compre, mándeme una notita con una foto de su casa. ¡Celebraremos juntos!

Andrés G. Panasiuk
Conceptos Financieros Crown
Casilla 3010
Ciudad de Guatemala, Guatemala

B. ¡No se deje robar!

Hay varios estilos de préstamos hipotecarios, pero al más común de todos, el sistema francés, yo lo considero un robo a mano armada. Edúquese y evite que lo roben. Visitando el sitio del Banco Hipotecario de la República Argentina encontré la siguiente explicación sobre algunos estilos de préstamos más comunes:

Sistema americano

En este sistema se pagan los intereses en forma periódica (calculados sobre capital constante), cancelándose el total del capital prestado al final del plazo total del crédito (*a veces 3 años, a veces 5*). Este sistema es también llamado *bullet payment* o *balloon payment* en inglés.

Sus características son:
- Cuota constante de intereses, excluyendo la última.
- Interés sobre deuda.
- Amortización en un único pago final.

Sistema alemán

Es un sistema para determinar el valor de las cuotas de un crédito en el cual estas son decrecientes, estando compuestas por intereses (que se calculan sobre el saldo de deuda, y por eso decrecen) y amortización constante del capital.

Sus características son:
- Interés sobre saldo (disminuye a lo largo de la vida del préstamo).
- Amortización parcial y constante con cada cuota (deuda / número de cuotas).
- Cuota decreciente compuesta de intereses más amortización.

La cuota va disminuyendo al reducirse el monto a pagar en concepto de intereses. La ventaja que tiene este sistema para el cliente, frente al sistema francés, es que con las primeras cuotas reembolsa más capital, logrando tener un saldo de deuda menor a igual cantidad de cuotas canceladas. Esto representa una gran ventaja si el cliente pretende precancelar el crédito en los primeros años. La desventaja es que la cuota es variable, más alta al comienzo, cuando existe, en general, menor dinero disponible en el bolsillo del cliente.

Sistema francés

Es un sistema para determinar el valor de las cuotas de un crédito en el cual estas se mantienen constantes a lo largo de todo el período en el que se paga el crédito. El capital se amortiza en forma creciente, es decir que en las primeras cuotas se paga poco capital y muchos intereses, y en las últimas se paga mucho capital y pocos intereses. Es el sistema más común y generalmente tiene una tasa más baja que los créditos con sistema alemán.

Sus características son:
- Cuota constante de interés más amortización.
- Interés sobre saldo (disminuye a lo largo de la vida del préstamo).
- Amortización creciente en cada cuota.[19]

Cada vez con más asiduidad se está ofreciendo en los países latinoamericanos el sistema francés (que también es el más común en los Estados Unidos). Personalmente creo que es un robo legal. Usted puede ver cómo funciona este sistema volviendo sobre el ejemplo que le conté de Ricardo Rápido y Pedro Paciente en el capítulo I.

La razón es que si, por ejemplo, uno se muda de su casa en los primeros 5 años del pago de su hipoteca, casi no ha pagado nada del capital adeudado. Ha pagado su cuota hipotecaria mes tras mes, durante cinco años, y cuando va a vender su casa se da cuenta de que todavía debe ¡casi lo mismo que al principio!

Por ejemplo: si usted tiene un préstamo de US$100 mil, a una tasa del 8% fijo anual, sus pagos serán de unos US$734 mensuales. Después de haber pagado durante 5 años todos los meses US$734, a pesar de haber pagado un total de un poco más de US$44.000, su deuda habrá disminuido solamente ¡en *US$5.000!* ¡Todavía debe US$95 mil!

Un gráfico de los pagos se vería de esta manera:

Este sistema, a pesar de ser totalmente legal y de tener sus adeptos en todo el continente, yo lo considero como un sistema que trabaja en contra del consumidor (usted y yo) y, a mi modo de ver, puede ser muy legal, pero es *casi inmoral.*

Cuando usted vende su casa y compra otra nueva, el ciclo comienza nuevamente: usted empieza a pagar sus cuotas, que consisten una vez más en la mayor parte de intereses y una pequeña parte de capital adeudado.

Mi recomendación es que, si no tiene otro sistema disponible de préstamos hipotecarios en su país, haga lo que hizo Pedro Paciente al principio de este libro:

- Cómprese una casa más pequeña al principio.
- Páguela lo antes posible.
- Véndala y cómprese una un poco más grande.
- Páguela lo antes posible.

- Véndala y cómprese la casa con la que realmente sueña.
- Páguela lo antes posible.
- Una vez pagada su casa, invierta el pago de su hipoteca con miras a su retiro.
- También sea dadivoso. Recuerde que siempre es «mejor dar que recibir». Más allá de acumular riquezas materiales, mientras lo hacemos debemos también aprender a desarrollar un carácter generoso, construyendo no solamente para lo terrenal, sino también para las cosas eternas.[20]

C. OPCIONES PARA LA VIVIENDA

No todo el mundo necesita comprar una casa. Si bien comprar una casa es recomendable en la mayoría de los casos, no siempre lo es. Usted tiene otras opciones. Evalúelas a la luz de sus necesidades.

Por ejemplo:

- Si usted está pensando en mudarse en los próximos 3 a 5 años. No le conviene comprar porque normalmente los intereses, los impuestos, los gastos de mantenimiento y los gastos de venta de la casa no le permitirán acumular capital. Al contrario, probablemente pierda dinero.
- Si usted es una viuda o una madre sola y no tiene familiares que lo ayuden a reparar la casa, especialmente si vive en los Estados Unidos. Las complicaciones del mantenimiento de una propiedad pueden ser una fuente extra de tensiones y presiones en un momento en el que una madre en esas condiciones no lo necesite.
- Si usted es una persona de edad avanzada. Uno debe evaluar las ventajas de tener una casa propia con las ventajas de no tener que pagar impuestos inmobiliarios ni tener que pagar por las reparaciones de la casa.

- Si usted es una persona con impedimentos físicos y no tiene quién lo ayude a realizar reparaciones de emergencia a su casa.
- Si usted, por alguna razón, no puede hacer el mantenimiento básico de su casa y tiene que contratar gente para que haga trabajos sencillos de plomería, electricidad y carpintería.
- Si todos los gastos de vivienda sobrepasan el 40% de su DD.

Los latinos que venimos a vivir a los Estados Unidos no nos damos cuenta, por ejemplo, del alto costo del mantenimiento de las casas de madera. Uno de esos gastos, por ejemplo, es el techo. En nuestros países las casas son de material y los techos de cemento armado. Pero en los Estados Unidos los techos son de madera cubiertos de tejas de asfalto.

La vida útil de esas tejas es de 20 a 30 años, y el costo de reemplazar un techo puede rondar los US$15 mil. Es por eso que al momento de comprar una casa es importante preguntar por los años que tienen las tejas en el techo.

Lo mismo ocurre con los pisos (especialmente si tiene alfombras) y las paredes, que son de yeso. Las cañerías son de plástico en muchas partes del país y el sistema eléctrico a veces es tan viejo que está fuera de las especificaciones mínimas que la ciudad requiere.

Esa es una de las razones, también, por las que usted no debería comprar una casa sin que sea inspeccionada en detalle por un inspector de propiedades independiente. Haga el gasto, vale la pena.

Entonces, a pesar de que siempre nuestra primera recomendación es que compre su propia casa, le sugerimos también que considere los costos de mantenerla, los impuestos a pagar y las complicaciones que trae el ser el dueño de una propiedad.

¿Cómo comprar una vivienda inteligentemente?

Aquí hay algunas ideas creativas que hemos visto a lo largo de los años para proveerse de una vivienda:

- *Alquiler.* Alquilar un departamento o una casa no es derrochar su dinero, si lo hace por las razones correctas en un momento determinado de su vida. Especialmente si usted no tiene el dinero para hacer la compra: anticipo o «enganche», gastos asociados con conseguir el préstamo, dinero para hacer reparaciones y establecerse en la nueva casa, pagos mensuales, etc. Si paga su préstamo con el sistema francés de todas maneras pagará un «alquiler» al gobierno y al banco durante los primeros 5 años.
- *Alquiler con opción de compra.* Esta es una posibilidad bastante conveniente si el vendedor quiere deshacerse de los pagos mensuales de la propiedad, pero no puede venderla, y si el comprador sabe que tendrá el dinero más adelante, pero no cuenta con todo el dinero en ese momento. Al final de un determinado plazo (12, 24 meses), si el comprador quiere adquirir la casa, pagará una prima y el vendedor tendrá en consideración los pagos del alquiler como parte del pago del precio de la casa.
- *Comprar una casa entre varias familias.* Esto es muy común entre inmigrantes asiáticos en los Estados Unidos. Dos o tres familias compran una casa y la pagan por completo lo antes posible. Luego compran otra y la pagan por completo. Así continúan hasta que todas las familias tienen sus casas. La ventaja es que los pagos mensuales son mucho más bajos y hay una muy buena posibilidad de ahorrarse decenas de miles de dólares en intereses.
- *Comprar una casa y alquilar parte de ella.* Este tipo de opción es muy popular entre familias latinoamericanas. Uno puede comprar una casa con un sótano y un segundo piso, luego separa cada uno de los niveles y alquila uno o

dos de ellos. Eso le permite al dueño de la casa hacer los pagos mensuales e, incluso ahorrar algo de dinero. Una sola advertencia: cuando se compra una casa de este tipo, siempre se debe estar seguro de que puede hacer los pagos *totales* durante varios meses, pues no es raro que los inquilinos se muden y que el dueño quede con la responsabilidad de hacer frente a toda la hipoteca. Esté seguro de tener unos cuatro a seis meses de hipoteca guardados en el banco, por las dudas.

- *Construir poco a poco*. Se consigue un pedacito de tierra y de a poco construye una vivienda por un precio muchísimo más bajo que el comprarla hecha. Esta es una excelente opción para familias de bajos recursos. Aquí es necesario ser paciente, porque el terminar la «casa de nuestros sueños» nos puede llevar más que años... ¡nos puede llevar decenios!

- *Planes gubernamentales*. En cada uno de nuestros países, desde Canadá hasta la República Argentina, los gobiernos están interesados en que las familias puedan acceder a una vivienda digna. Averigüe los programas gubernamentales disponibles en su ciudad, en su provincia, estado o nación. Póngase en contacto con algún vendedor de propiedades de confianza y con el Departamento de su gobierno que tiene a su cargo la responsabilidad por los asuntos de vivienda de la población.

- *Casas «móviles»*. En inglés se llaman mobile homes y son muy populares en los Estados Unidos. Tienen la misma construcción que las casas rodantes, e incluso, están montadas sobre ruedas, pero en realidad son casas semi fijas. Una vez colocadas sobre un terreno se fijan de tal manera al piso que es difícil moverlas. Si bien no son muy espaciosas, eficientes y tienen fama de ser para gente pobre, tienen una gran ventaja: son baratas, limpias y funcionales. Son una buena forma de comenzar. En la familia de mi esposa hay varias parejas que han vivido o viven en *mobile homes*. Sin embargo, aquí hay una nota importante: estas casas pierden su valor con el tiempo. Por eso, le recomiendo que se compre una usada; de esa manera, el dueño anterior ha tenido que absorber la mayor cantidad de pérdida de dinero por la depreciación de la casa móvil.

4

¿Cómo comprar un auto inteligentemente?

El Dr. Larry Burkett solía decir que los medios de comunicación social se refieren a nosotros como «consumidores». Sin embargo, él creía que el banquero y empresario David Hannum usaba una palabra mucho más apropiada: *tontos.*[21]

Cuanto más pienso en mi pasado económico y en la manera en la que mi esposa y yo tomábamos decisiones financieras, más me identifico con Hannum. No es que tuviéramos un problema de desarrollo mental. Todo lo contrario: mi esposa y yo tenemos estudios universitarios, somos gente instruida... Sin embargo, cuando se trataba de temas financieros, teníamos serios problemas de «Ignorancia Económica».

Cuanto más viajo por el continente más problemas de IE descubro. Las empresas y oficinas de mercadeo gastan millones de dólares en campañas publicitarias para crearnos necesidades que no tenemos, consumir productos que no necesitamos, con dinero que no poseemos, ¡para impresionar a gente que ni siquiera conocemos! La cantidad de dinero que se gasta en llevarnos por el camino equivocado es tan grande, que todos los esfuerzos para educar al consumidor son simplemente pequeñas gotas de agua que se pierden en el océano del mercado latinoamericano.

En los Estados Unidos solamente, lo latinos tenemos un poder adquisitivo de más de US$300 mil millones. ¡Y ni qué hablar del resto del continente! Es por eso que somos presas de las campañas publicitarias y de los esfuerzos de los medios de comunicación social (a través de los comerciales, las películas, las revistas, los diarios, etc.) para llevarnos a consumir de forma inapropiada.

Un consumidor educado es el arma más potente contra las fuerzas que tratan de succionarnos el dinero que tanto nos cuesta ganar semana tras semana, mes tras mes.

Siendo que la compra de un auto es probablemente una de las compras de mayor envergadura que la mayoría de nosotros hará en nuestra vida, no quería terminar este libro de orientación al consumidor sin proporcionarle con algunas ideas importantes respecto de la compra de su próximo automóvil.

Básicamente, veremos tres aspectos:

A.   Pasos para la compra
B.   ¿Qué hacer durante el proceso de compra?
C.   ¿Cómo cerrar el trato?

A. PASOS PARA LA COMPRA

Para comprar un automóvil se recomienda seguir los mismos pasos que para comprar una casa: ver cuánto dinero uno tiene para pagar las cuotas y mantener el auto, confirmar que tenemos buen crédito, conseguir el préstamo más conveniente, hacer una lista de las necesidades y deseos, y salir a buscar el auto que queremos comprar.

Olvídese de elegir el tipo de automotor a estas alturas. No piense en ello. Siga mis pasos y ya llegaremos al punto de decidir qué auto le conviene comprar.

Una mala inversión

Comprar un auto es, probablemente, una de las *peores inversiones* que uno hace en la vida. La razón por la cual comprar un auto es una mala inversión, es que (al revés de las casas) todos los autos sufren una fuerte pérdida de su valor a través del tiempo. Por supuesto, uno no compra un auto para hacer una inversión, sino porque es una necesidad. Pero ya que estamos perdiendo plata... ¡tratemos de perder la menos posible!

Considere, por ejemplo, la pérdida de dinero que ha tenido una familia que se compró un automóvil nuevo en el año 2000 y lo quiso vender tres años después, en 2003. La depreciación típica fue del 43%.[22]

Eso quiere decir que, estando la transacción de compraventa de autos en un promedio de los US$26 mil[23], estos pobres inocentes perdieron en tres años la friolera de ¡US$11.180! (traduzca estos dólares a la moneda de su país para tener una idea clara de la magnitud de la pérdida). El auto ahora vale solamente US$14.820.

Lo peor de todo es que si tomaron en enero de 2000 un préstamo por 5 años al 10% anual, en enero de 2003 —después de haber pagado cuotas por casi US$20 mil—, todavía deben US$11.500. Eso quiere decir que, después de pagar casi US$20 mil en cuotas mensuales, venden su auto, pagan su préstamo y se quedan en el bolsillo con unos US$3.320. ¡Qué gran diferencia con lo que ocurre con una casa o departamento! Los bienes inmuebles nos proveen un servicio y, a la vez, aumentan de precio con el tiempo. Los bienes muebles —el auto, los muebles de la casa, los electrodomésticos— pierden rápidamente su valor.

Es por eso que en Conceptos Financieros siempre recomendamos que usted se compre un auto con, por lo menos, tres años de uso, cuando el *consumidor* anterior ha perdido la mayor cantidad de dinero en la transacción. Después de los tres años, la depreciación es mucho más lenta.

Entonces, preste atención a los pasos a seguir en la compra de su próximo automóvil, póngalos en práctica y disfrute de la mirada de sorpresa de sus amigos cuando usted les cuente el buen negocio que hizo al momento de hacer una de las peores inversiones de su vida. Solo necesita hacer una cosa con estos consejos: seguirlos.

1. Análisis presupuestario
2. Confirmación de capacidad crediticia (buen crédito)
3. Salir a comprar... un préstamo
4. Hacer una lista y seleccionar el vehículo
5. Buscar un auto y comprarlo

1. ANÁLISIS PRESUPUESTARIO

Como ya hemos explicado anteriormente cómo hacer este análisis, simplemente le proveemos del formulario para calcular cuánto puede gastar en el pago mensual del auto:

¿Cómo comprar un auto inteligentemente?

Gastos aproximados del auto por mes (sin el pago mensual)		Escriba aquí el promedio mensual de todos los gastos de transporte que crea que va a tener. El **mantenimiento** es aproximadamente el 10% del pago mensual del auto.	*Consejo amigo...* ¿Cuál es su Dinero Disponible?
Impuestos	$_____		D.D.=_____
Gasolina	$_____		
Seguro del auto	$_____		Multiplique por
Reparaciones (promedio)	$_____		0.15_____ (D.D.) x 0,15
Mantenimiento (promedio)	$_____		Escriba abajo el resultado... Esta es la cantidad de dinero que debería estar gastando en transporte como máximo.
Otros gastos	$_____		
Otros gastos	$_____		
Sume todas las cantidades. [B]		[A]	

1. ¿Cuál es su DD mensual multiplicado por 0,15? [A]= DD x 0,15	
2. ¿Cuáles son sus gastos de auto? (sin el pago mensual) [B]	
Haga la resta de [A] - [B] ⟶ Este es el dinero que le queda para pagar el préstamo para comprar su auto.	

Para seguir el ejemplo de la persona que tiene un DD de US$2 mil mensuales, el dinero que tiene disponible para el transporte será de US$300.

Los gastos estimados de un auto en los Estados Unidos (totalmente imaginarios):

¿Cómo compro inteligentemente?

Gastos aproximados del auto por mes (sin el pago mensual)		Escriba aquí el promedio mensual de todos los gastos de transporte que crea que va a tener.	*Consejo amigo...* ¿Cuál es su Dinero Disponible?
Impuestos	US$ 10	←	D.D.= 2.000
Gasolina	US$ 60		Multiplique por 0,15
Seguro del auto	US$ 70		
Reparaciones (promedio)	US$ 30		2.000 (D.D.) x 0,15
Mantenimiento (promedio)	US$ 10		Escriba abajo el resultado... Esta es la cantidad de dinero que debería estar gastando en transporte como máximo.
Otros gastos	US$ 20		
Otros gastos	US$____		
Sume todas las cantidades. **[B]**	US$200	**[A]**	US$300

1. ¿Cuál es su DD mensual multiplicado por 0,15? [A]= DD x 0,15	US$300
2. ¿Cuáles son sus gastos de auto? (sin el pago mensual) [B]	US$200
Haga la resta de [A] - [B] → Este es el dinero que le queda para pagar el préstamo para comprar su auto.	US$100

Con US$100 por mes, y pagando un 8% de interés anual, probablemente pueda acceder a un préstamo de US$3.200, si lo pide por 36 meses (3 años), y a un préstamo de US$4.900 si lo pide a 60 meses (5 años).

Eso no es mucho dinero en los Estados Unidos, es verdad. Pero si usted tiene un DD de US$2.000 mensuales, esa es la cantidad que usted tiene. Si gasta más dinero, probablemente no le que queden recursos suficientes para proveer dinero a otras categorías (como el ahorro, los gastos médicos, la ropa y otros gastos que no tenemos mensualmente... ¡pero que eventualmente aparecen!)

No se engañe ni se deje engañar. Acepte su realidad económica y busque alternativas creativas dentro de sus posibilidades financieras.

Una nota personal

Yo soy un fiel creyente en la provisión de Dios. Yo creo que si Dios me quiere proveer algo en mi vida (como Él es todopoderoso), me lo va a dar sin que yo tenga que violar mi presupuesto. Lo único que tengo que hacer es, como dice San Pablo, aprender a ser feliz en el estrato económico en el que Dios me ha colocado en este momento de mi vida.[24] Rebelarme contra Su provisión solo me va a traer dolores de cabeza...

Aquí hay una gran verdad para los que nos llamamos cristianos: nosotros nunca tenemos la necesidad de violar los principios de Dios para hacer la voluntad de Dios.

Alternativas creativas

- En lugar de «compre primero y pague después», ahorre primero y compre después.
- Ahorre suficiente dinero para el «enganche», y de esa manera no tendrá que pedir un préstamo demasiado grande.

¿Cómo compro inteligentemente?

- Compre un auto más antiguo ahora y ahorre para comprar uno más nuevo después.
- Use el transporte público.
- Arregle con algún amigo para que lo pasen a buscar y lo dejen en su casa a la vuelta del trabajo.
- Hable con la gente del club social al cual pertenece. Deje saber en su iglesia o sinagoga la necesidad que usted tiene.
- Yo he visto a gente que tiene varios autos en una iglesia y que prefiere regalar uno antes que venderlo, si conocen a alguna familia que realmente lo necesita.
- Algunas veces uno puede comprar un auto a un precio muy reducido de alguna persona de su congregación... y ¡hasta puede recibir el financiamiento!
- Si usted tiene un buen auto y no necesita uno mejor por ahora, abra una cuenta de ahorro y comience a pagarse a sí mismo una cuota mensual. Cuando su auto necesite ser reemplazado, usted tendrá algo de dinero guardado en su cuenta de ahorro.

A continuación le presento un cuadro que indica la cantidad de dinero que le recomendamos que invierta en los gastos *totales* de transporte de acuerdo a su DD mensual:

DD	Gastos	DD	Gastos	DD	Gastos
1200	180	2200	330	3200	480
1400	210	2400	360	3400	510
1600	240	2600	390	3600	540
1800	270	2800	420	3800	570
2000	300	3000	450	4000	600

1. Análisis presupuestario
2. Confirmación de capacidad crediticia (buen crédito)
3. Salir a comprar… un préstamo
4. Hacer una lista y seleccionar el vehículo
5. Buscar un auto y comprarlo

2. CONFIRMACIÓN DE CAPACIDAD CREDITICIA (BUEN CRÉDITO)

Ya hemos explicado cómo conseguir su informe de crédito (*credit report*) en los Estados Unidos y en otros países de Latinoamérica. Sepa muy bien cuál es su puntaje FICO, su *credit score*, y si tiene más de 650 puntos o si tiene menos. Eso determinará la calidad de su préstamo y el porcentaje que habrá de pagar en intereses. Vuelva a revisar el material que le ofrecí en el capítulo sobre la compra de casas.

1. Análisis presupuestario
2. Confirmación de capacidad crediticia (buen crédito)
3. Salir a comprar … un préstamo
4. Hacer una lista y seleccionar el vehículo
5. Buscar un auto y comprarlo

3. SALIR A COMPRAR… UN PRÉSTAMO

Cuando vaya a comprar un auto, trate de no tomar el préstamo que le ofrecen en la concesionaria. Visite los lugares de Internet que le he recomendado, haga su propia investigación y pida información y estimados. Trate de llegar al concesionario con un préstamo preaprobado.

Si no tiene Internet, simplemente visite diferentes bancos de su ciudad y compare precios y servicios. Nuevamente: salir a buscar plata para comprar un auto es igual que salir a comprar un televisor o un vestido: necesita caminar bastante y elegir la mejor opción. No tenga temor de decirle a un empleado bancario: «En el banco XX me ofrecieron una tasa del x%. ¿Qué tasa me ofrece usted?»

No se comprometa con ninguna institución financiera. Lleve toda la información a la casa y compare fríamente los diferentes productos que le ofrecen. Jamás crea eso de que «esta tasa de interés es solamente por hoy... mañana puede ser diferente». Por supuesto que puede ser diferente: ¡puede ser más baja!

Recuerde también que, quizá, los bancos le aprueben un préstamo por una cantidad de dinero más alta de la que usted necesite. Solamente comprométase a llevar el préstamo por la cantidad de dinero que su presupuesto le permita pagar mensualmente.

El Principio del Compromiso Garantizado (PCG)

Este es un concepto que aprendí del que fue uno de los cofundadores de nuestra organización madre, el Dr. Larry Burkett. Como no encontré ningún equivalente cultural a este concepto, he decidido llamarlo «fianza» o «Compromiso Garantizado».

La idea del Compromiso Garantizado proviene de un proverbio antiguo del sabio Salomón, y dice así:

> No seas de aquellos que se comprometen, de los que salen de fiadores de deuda. Si luego no tienes con qué pagar, te quitarán de debajo de ti la cama.[25]

El énfasis del concepto surge de la primera y la tercera frase: «No seas de aquellos que se comprometen ... Si luego no tienes con qué pagar...» La idea principal es que cada vez que uno se compromete económicamente debe hacerlo solamente si tiene una forma segura de pagar la deuda.

Dicho de otra manera: nuestro *activo* siempre debe ser mayor que nuestro *pasivo*. Lo que nosotros tenemos debe ser siempre de más valor de lo que debemos.

Por ejemplo: si uno compra un televisor a pagar a plazo, no bien uno lo lleva a su casa, ese televisor comienza a perder valor. Si quiere venderlo al mes o a los dos meses después de haberlo comprado, puede ser que lo tenga que vender a un 30 o 40% de descuento respecto de su valor original. Sin embargo, la deuda contraída por el televisor no ha bajado tan rápido.

Ahora, el pasivo (lo que debemos por el televisor) es más grande que el activo (el valor real del televisor en el mercado). Hemos violado el PCG. Un gravísimo error al momento de tomar una decisión económica.

Respecto de un auto, supongamos que lo compramos por $20 mil a pagar a 5 años con un interés del 5% anual. No damos nada de anticipo (como ahora se acostumbra en muchos países), pero a los 12 meses tenemos una emergencia y lo tenemos que vender.

Un auto normalmente pierde un 30% de su valor el primer año de uso. Por lo tanto, ahora nuestro auto solamente vale unos $14 mil en el mercado del usado. La mala noticia es que nosotros todavía tenemos una deuda de $16 mil. Entonces perdemos todos los pagos que hemos hecho, perdemos el auto ¡y todavía tenemos $2.000 de deuda!

Este no es un ejemplo exagerado. Esta es una historia que se repite una vez tras otra en todo el continente. Es la consecuencia violar el PCG.

La solución para este problema hubiera sido dar un «enganche» o anticipo de unos $4.000 al comienzo de la transacción para que 12 meses después, cuando vino el tiempo de las «vacas flacas» y algo inesperado llegó a nuestra vida, pudiésemos tranquilamente vender el auto, pagar los $12.900 que tendríamos de deuda y quedarnos, por lo menos, con $1.000 en el bolsillo.

Recuerde entonces: cada vez que usted entre en una deuda, la primera pregunta que se debe hacer es: «*¿Cómo salgo?*»

¡CUIDADO! Uno de los peores errores financieros que puede hacer al comprar un auto es violar el PCG. Siempre dé suficiente anticipo.

Presunción del mañana

Otro error común es tomar una deuda presente basándonos en ganancias futuras. Este error es tan común en todo el continente como el pan. En realidad, cuando hablo con medianos y pequeños empresarios en Latinoamérica, a veces me parece que la forma en que tomamos decisiones económicas en los ámbitos de negocios tiene características casi suicidas.

La enseñanza sobre la presunción también proviene de un proverbio de la antigüedad que dice:

> «*No presumas del día de mañana, pues no sabes lo que el mañana traerá*».[26]

Todos sabemos que el mañana no nos pertenece, sin embargo nos «jugamos» al futuro como a la lotería. Por eso a veces nos va tan mal…

Deberíamos evitar presumir del mañana y, cada vez que hacemos un compromiso económico en el presente, debería estar basado en ganancias pasadas y no en ganancias futuras.

A veces me dicen: «Pero Andrés, si yo compro esta máquina de $100 mil y la máquina produce lo suficiente como para poder pagar las cuotas, ¿por qué no hacerlo?» A lo que me gusta responder: «¿Y cómo sabes que la máquina te va a producir lo suficiente como para pagar las cuotas?… ¿Cómo sabes que no te vas a enfermar de aquí a 12 meses?… ¿Cómo sabes que el negocio te va a ir tan bien el año que viene como este año?»

¿Cómo comprar un auto inteligentemente?

Estas no son preguntas exageradas. Son preguntas basadas en la experiencia. De esa manera es como los negocios se van a la quiebra.

Lo mejor es estar seguros de que uno coloca una suficiente cantidad de dinero de «enganche», arras o anticipo para que, si el negocio no anda muy bien el año que viene, sea posible vender la máquina, pagar la deuda y salir del problema.

1. Análisis presupuestario
2. Confirmación de capacidad crediticia (buen crédito)
3. Salir a comprar... un préstamo
4. Hacer una lista y seleccionar el vehículo
5. Buscar un auto y comprarlo

4. HACER UNA LISTA Y SELECCIONAR EL VEHÍCULO

Ahora debemos hacer una lista de la misma forma que la hicimos sobre las necesidades y deseos —cosas negociables y no negociables— para la casa. Luego elegiremos el vehículo que realmente necesitamos. A continuación lo proveo de un espacio y un formulario para que escriba las cosas que realmente necesita y cuáles simplemente le gustaría tener.

NECESIDADES — NO NEGOCIABLES	DESEOS — NEGOCIABLES

¿Cómo compro inteligentemente?

Tiempo de selección

Mire seriamente esta lista y su presupuesto. Estas dos herramientas determinarán el tipo de transporte que necesita. A estas alturas ya debería tener una idea del tipo de transporte que necesita:

- ¿Es un auto compacto de 2 o 4 puertas?
- ¿Es una furgoneta (pick-up) con cabina extendida?
- ¿En un vehículo utilitario (SUV) pequeño, mediano o grande?
- ¿Es una miniván?

Una vez que sepa el *tipo* de vehículo que necesita, comience a comparar precios. Para comparar precios le recomendamos:

- No vaya a un concesionario... todavía.
- Lea los avisos de los diarios.
- Compre algunas revistas especializadas.
- Haga preguntas a parientes y amigos.
- Visite lugares de la ciudad donde los dueños vendan sus autos por cuenta propia.

En los Estados Unidos y Puerto Rico:

- Investigue en Internet.
- Visite el sitio: www.edmunds.com
- Visite el sitio: www.digitalcars.com
- Visite el sitio: www.kbb.com
- Visite el sitio: www.nadaguides.com

En estos sitios usted podrá colocar la marca del vehículo (Ford, Nissan, BMW, Toyota, etc.), luego podrá colocar el modelo que está buscando y, finalmente, el año de ese modelo. Puede que le pregunten por los «adicionales» que está buscando, como pasacasetes, levantavidrios eléctrico y cosas por el estilo.

Usted podrá «jugar» con las diferentes situaciones, marcas y modelos del tipo de vehículo que está buscando para llegar, finalmente, a decidir cuál realmente quiere.

Recuerdo que hace algunos años atrás, con mi esposa decidimos que, por la naturaleza de mi trabajo y la familia, necesitábamos una miniván (en cada país recibe un nombre diferente). Cuando recurrimos a Internet en búsqueda de información, encontramos 8 marcas y 12 modelos diferentes.

Imprimimos toda la información que pudimos de cada una de ellas, desparramamos las hojas en el piso del comedor de la casa de mis suegros y comenzamos a leer todo el material y a comparar precios, características, beneficios y problemas de cada uno de los modelos. Al final del proceso nos quedó en claro que de acuerdo con nuestra lista y a la cantidad de dinero que teníamos disponible, debíamos buscar una miniván Toyota Previa, del año 1994, con unos 50.000 kilómetros recorridos, que no costara más de US$11 mil.

Una vez que usted identifica el vehículo que necesita de esa manera, es muchísimo más fácil salir de compras. Usted está buscando algo específico, y si el concesionario no lo tiene o no se lo quiere dar al precio que usted pide, ¡ni siquiera se detiene a conversar con el vendedor! Es mucho más fácil que andar «flotando» sin saber exactamente qué es lo que uno quiere.

Si usted no sabe lo que quiere comprar, puede tener por seguro que el vendedor sabe lo que le quiere vender. Y usted pierde.

Otro consejo:

- Compre o busque en una biblioteca pública el *Kelley Blue Book Auto Market Report: Official Guide.*

Este es el libro más usado por los vendedores de autos en los Estados Unidos. Pero tenga cuidado: el libro le dará el *precio sugerido de venta al público*. El hecho de que sea el precio sugerido de venta al público *no quiere decir que ese es justamente el precio que el vehículo se vende al público*.

El precio que usted debe ofrecerle al vendedor de autos debe estar entre el precio de venta mayorista *(wholesale, en inglés)* y el de venta al público *(retail)*.

Uno debería hacer un cálculo como este:

Precio de venta al mayorista
(sumar)
Precio de los adicionales (levantavidrios eléctrico, transmisión automática, etc.)
(sumar)
Ajuste por kilometraje
(sumar)
5 - 10% de todo este valor como ganancia del vendedor
Precio de oferta al concesionario

Recuerde que su oferta debe ser razonable. Una oferta demasiado baja o irreal le hará perder credibilidad en el proceso de negociación.

Entonces, ahora que sabe la marca y el modelo de vehículo que necesita y que sabe cuál será su oferta inicial, estamos listos para avanzar a la parte más emocionante de esta aventura: ¡localizar el vehículo y comprarlo!

1. Análisis presupuestario
2. Confirmación de capacidad crediticia (buen crédito)
3. Salir a comprar... un préstamo
4. Hacer una lista y seleccionar el vehículo
5. Buscar un auto y comprarlo

5. Buscar un auto y comprarlo

Esta es, probablemente, la parte más interesante de todo el proceso. Usted aprenderá mucho sobre el comportamiento humano.

Si usted siguió los pasos que le hemos indicado hasta este momento, entonces está listo para la batalla: sabe exactamente el tipo de vehículo que quiere, sabe cuánto es el máximo que puede pagar, ya tiene un préstamo preaprobado y sabe cuánto le va a ofrecer al vendedor por ese vehículo.

Aquí van las reglas de juego y los secretos más importantes para que usted salga de ese enfrentamiento como un comprador inteligente:

Usted no va a hacer amigos, va a hacer un negocio. Entre al concesionario de automóviles sin la intención de ser amigable. Sea respetuoso en todo momento, pero no sea amigable. Los vendedores generalmente tienen una personalidad del tipo «I» (Interactiva), que tiende naturalmente a influenciar a otros a través de las relaciones interpersonales. Son generalmente amigables y cálidos. Usted debe ser exactamente lo contrario. Esa frialdad respetuosa llevará al vendedor (nuevamente, por las tendencias naturales de su personalidad) a tratar de «restaurar» la relación y a estar mucho más dispuesto a ceder en las negociaciones. Créame: funciona.

Sepa qué es lo que usted quiere. Es importantísimo que sepa lo que quiere al llegar a hacer la compra. Dígale al vendedor: «Estoy buscando un Ford Escort del 2000 con unos 45.000 kilómetros». Si no lo tiene, márchese inmediatamente. Una de las tácticas de los vendedores se llama *Bite and switch* (mordida del anzuelo y cambio). Normalmente lo que el vendedor dice es lo siguiente:

«Lamentablemente no tengo un Ford Escort del 2000... pero tengo un modelo parecido. Es un Honda Civic». La idea es cambiarle su punto de referencia para que ya no sepa cuánto cuestan las cosas y pierda el control de la negociación. No caiga en la trampa. Simplemente salga y busque por otro lado.

En estos últimos años es mucho más fácil encontrar exactamente la marca y el modelo que quiere si tiene un poco de paciencia, busca en Internet, compra los diarios regularmente y visita en persona los concesionarios. Por alguna razón usted eligió el modelo que eligió... y se tomó las horas de investigación que se tomó. ¡No eche a perder su trabajo!

Cuando encuentre el vehículo, pida que se lo presten por 24 horas. Entre al negocio y dígale al vendedor que usted tiene un serio interés en comprar tal o cual vehículo. Dígale que le gustaría hacerle una buena inspección y que, para eso, le gustaría llevárselo por 24 horas. Usted puede dejar su propio vehículo en el negocio, le pedirán su licencia de conductor y llenará un sencillo formulario. Mi esposa y yo nos sorprendimos tremendamente cuando hicimos ese pedido por primera vez y vimos lo bien dispuesto que estaba el vendedor de permitirnos llevar el vehículo a casa.

Cuando se lleve el vehículo, manéjelo en las calles de la ciudad y en alguna autopista. Si le satisface el andar, continúe con el siguiente paso.

Lleve el vehículo a que se lo inspeccione un profesional. Invierta un poco de dinero y permita que un mecánico profesional revise el vehículo y le dé un informe completo del estado del mismo. Evalúe el resultado de la inspección y, si está dispuesto a comprar el vehículo, identifique arreglos que se le tengan que hacer. Esto puede ayudarle a bajar el precio del vehículo.

Contacte a su agente de seguros. Cuéntele qué es lo que está haciendo y pídale la información necesaria como para cubrir con su seguro actual el nuevo vehículo.

Vuelva al negocio al siguiente día y comience con la venta de su auto. Si usted va a entregar su auto como parte de pago por el nuevo vehículo, mantenga esas dos negociaciones completamente separadas. Primero indíquele al vendedor que usted está interesado en obtener el mejor precio por su auto usado. Llegue a un acuerdo por el precio y, luego, vuélquese de lleno a negociar el auto más nuevo.

Comience la negociación con los siguientes pasos:

a. Coloque su chequera sobre el escritorio del vendedor.

b. Dígale algo así como: «La verdad es que el vehículo nos gusta y seriamente queremos comprarlo. Ahora, todo depende de usted». Los vendedores no están acostumbrados a escuchar cosas como estas. Generalmente tienen que pelear para que el cliente les diga que quiere comprar un auto. Pero ahora usted está poniendo la presión del otro lado de la cancha. No es raro que el vendedor se vea sorprendido, titubee o no sepa qué decir.

c. Tome el papel en el que estuvo haciendo sus cálculos y muéstreselo al vendedor. Dígale: «Usted compró este auto aproximadamente en $_____, le voy a sumar $_____ por los extras que trae, además le sumaré (o restaré) $_____ por los kilómetros que tiene y también un xx% de su comisión porque sé que tiene que alimentar a sus hijos. Entonces el precio que le ofrezco es $_____. Este debe ser un precio más bajo del máximo que está dispuesto a ofrecer. Siempre hay tiempo para subir la oferta más adelante.

d. Por supuesto, el vendedor le hará notar que el precio que ellos están pidiendo por el auto es varios miles de dólares más de lo que usted ofrece. No se preocupe. Dígale lo siguiente al vendedor: «*Le recuerdo que lo que usted pide por el vehículo es irrelevante. Lo relevante es la cantidad de dinero que yo estoy dispuesto a pagar por él*». Recuerde que el precio de cualquier bien no lo pone el vendedor, sino el comprador. Es el mercado el que determina el precio de las cosas, no el vendedor. Si el precio que se pide es demasiado alto para el mercado, el producto no se vende.

e. Manténgase respetuosamente frío. Tenga siempre presente la disposición de salir de la oficina del vendedor y abandonar la negociación en cualquier momento. Si usted hizo su tarea como debe y su oferta es razonable, eventualmente el negocio se hará... Y si no, no le conviene hacerlo.

f. Escuche con atención y manténgase firme. No se entusiasme con el auto.

g. Si hay arreglos que se le deben hacer al vehículo pida que le descuenten esos arreglos del precio.

h. Si el vendedor va en búsqueda de su supervisor o su gerente, esta es otra táctica de venta: traerle a alguien que tenga la imagen de autoridad para poder decirle que no bajarán más el precio. Usted salga a la puerta de la oficina. Esa actitud lo pondrá nuevamente en control de la situación porque demostrará que no está emocionalmente involucrado con la compra y que está dispuesto a irse.

i. Hay dos frases que debería guardar para los momentos clave de la negociación. Una es para el momento en el que usted cree que el vendedor le ha hecho un pequeño descuento, pero que puede ir más allá. Seguramente él (ella) le preguntará: «¿Qué le parece?» A lo que usted debe responder: «Me parece muy bueno...
Realmente... Pero muy bueno no es suficiente cuando

excelente es lo que se espera... ¡y yo estoy esperando algo excelente de usted! Este descuento no es suficiente ni para empezar».

j. La otra frase es solo para el momento culminante de la negociación. Dígale al vendedor: «Ya le dije muy seriamente que quiero comprar este vehículo... ¿Por qué se está convirtiendo en una piedra de tropiezo?» Eso probablemente sacudirá al vendedor, porque ellos siempre tienen que luchar para vender los autos y ahora usted le está diciendo que él mismo se ha convertido ¡en una piedra de tropiezo para hacer la venta!

k. Sea honrado y honesto. Una vez que han llegado a un número lo suficientemente cercano a lo que usted esperaba pagar, cierre el trato con un apretón de manos.

l. Si no levántese, salude cordialmente y váyase.

Sepa qué garantías extras realmente le convienen comprar. Muchas veces allí está la ganancia del negociante: en las garantías y seguros. Usted debe evaluar muy bien la situación. En lo personal, nunca compro esos productos extras. Me parecen demasiado caros. Sin embargo, es usted quien debe decidir qué necesita, de acuerdo con su situación particular.

Negocie los intereses con firmeza. Luego de que usted ha llegado a un acuerdo con el vendedor por el precio del vehículo, generalmente lo llevarán a otra oficina, con un «especialista» en asuntos de préstamos. Ese no es un especialista: es otro vendedor. Pero aquí hay algo importante para recordar: si después de todo el trabajo que el vendedor y el gerente tuvieron que hacer para venderle el vehículo, la venta se deshace en las manos del vendedor de préstamos, ¡él tendrá un par de enemigos con los que intentar hacer la paz durante las próximas semanas! Este vendedor está bajo la presión de venderle un préstamo al mayor interés posible, sin que se le caiga la venta. Haga lo siguiente:

a. Escuche con atención.
b. Conteste todas las preguntas con respetuosa frialdad.
c. Cuando el vendedor le ofrezca el préstamo para realizar la compra del vehículo, si esa oferta es menos conveniente que la que usted ya tiene preaprobada, simplemente dígale al vendedor: «Mi banco XX me ha preaprobado para un préstamo por $_____ por _____ años con un interés del _____%. Si usted puede hacer lo mismo que mi banco, le compro el préstamo a usted. Si no, pagaré el vehículo con el préstamo de mi banco».
d. Fin de la negociación por los intereses.

Esa es la ventaja de llegar preparado para la batalla.

Finalmente, lea muy bien lo que firma. La razón por la que le hacen firmar la cantidad de papeles que le hacen firmar, es porque esos papeles lo obligan a usted a hacer ciertas cosas y no le permiten hacer ciertas otras. Esté seguro de que todo lo que está escrito refleja exactamente los arreglos a los que ha llegado. Luego será demasiado tarde para arrepentirse o tratar de cambiar las condiciones de un contrato firmado.

Hay 8 maneras en las que los vendedores de autos hacen dinero:

a. El precio de venta al público.
b. El reembolso de fábrica del 3% que reciben por la venta de autos nuevos.
c. El comprar los autos viejos por precios más bajos que su valor real.
d. El inflar las tasas de interés del préstamo del auto.

e. El vender extras que se suman al precio de venta al público.

f. La opción de la «garantía extendida».

g. Sumar los famosos —o infames— «cargos de documentación» (DOC fees).[27]

No se deje engañar. Preste atención, especialmente, a los cargos de documentación. Cada vez son más populares y más costosos.

B. EL ARRIENDO, ALQUILER CON OPCIÓN A COMPRA O *LEASE*

El arriendo o alquiler con opción a compra (llamado en inglés *lease*) se está convirtiendo en una opción popular en nuestro continente. Cada vez recibo más preguntas respecto de esta opción para hacernos de un medio de transporte.

En realidad, esta opción tiene sus pros y sus contras. En importante que usted evalúe sus necesidades y su situación particular antes de tomar una decisión en una dirección u otra.

Personalmente no conozco mucha gente que haya hecho un mejor negocio arrendando que comprando, pero, como veremos a continuación, el asunto de arriendo no pasa mucho por las necesidades del individuo y sí por sus deseos.

Visitando varios lugares en Internet, descubrí alguna información interesante en un sitio llamado Edmunds.com.[28] Decidí traducir algo del material y sumar algunas ideas personales para ayudarlo en el proceso de decisión.

Consideraciones a favor. Usted debería considerar un *lease* si...

• Cambia su auto por uno nuevo regularmente cada dos o tres años.

• Necesita un auto de lujo para su negocio.

- Espera que el auto se vea en muy buenas condiciones al final del contrato.
- No espera manejar su vehículo más de las millas o kilómetros permitidos.
- Se ha resignado a pagar una cuota del auto por el resto de su vida.
- No tiene mucho dinero para el «enganche» o anticipo.
- Quiere poder manejar un mejor auto con menos pago mensual.
- Quiere ahorrar dinero en impuestos (en el arriendo solo paga impuestos por el alquiler mensual del vehículo, en la compra paga por el precio total del auto).
- No quiere tener que preocuparse por la manutención y reparaciones del auto.
- No quiere tener que pasar por los problemas de vender un auto usado.

Consideraciones en contra. Las desventajas de un arriendo son:

- Usted no es el dueño del auto.
- Tiene restricciones respecto de la cantidad de millas o kilómetros que puede recorrer con el vehículo (normalmente, entre 10.000 a 15.000 millas por año). Los pagos por exceso de millaje o kilometraje son bastante altos (15 a 25 centavos de dólar por milla).
- Los contratos de arriendo son complejos y confusos. Se le hará difícil saber si está haciendo un buen negocio o no.
- El alquiler o *lease* es más caro a largo plazo que la compra (si piensa quedarse con el vehículo por más de 3 años, le conviene comprar).

- Los cargos adicionales por el desgaste del vehículo pueden ascender a sumas importantes.
- Es muy difícil salirse del contrato si sus necesidades cambian a mitad de camino.

Hay cuatro conceptos importantes que usted debe manejar bien al momento de firmar un contrato de arriendo con opción a compra (me imagino que en cada país los nombres pueden cambiar un poco, pero las ideas son las mismas). Le proveo la traducción al inglés entre paréntesis:

1. **Costo de capitalización** (*capitalization cost*): es el valor que usted pagaría por el auto si lo comprara. Negocie este valor de la misma manera que le mostré cómo negociar por el precio de compra del auto.

2. **Valor residual** (*residual value*): es el precio de venta al consumidor que tendrá su vehículo al final del contrato de arriendo (de aquí a 24, 36, 48 o 60 meses, dependiendo del contrato). Por lo general un auto vale poco más de la mitad de su valor después de tres años. Tenga en cuenta este valor, porque si es más alto sus pagos mensuales serán más bajos, pero si usted está pensando en comprar el auto al final de su contrato, un valor alto le subirá los costos de la compra.

3. **El factor dinero** (*money factor*): esto es, en realidad, el *interés* que usted está pagando por el alquiler del auto. Es un factor sumamente importante. Averigüe cuál es el interés que le están queriendo cobrar multiplicando el factor dinero por 2.400. Por ejemplo, un factor dinero del 0,0054 resultará en un interés de casi el 13%

anual (0,0054 x 2.400 = 12,96%). Preste atención a esta variable y no se deje engañar.

4. **El tiempo del arriendo** (*term of the lease*): normalmente el tiempo es de 24, 36, 48 o 60 meses. Algunos lugares ofrecen arriendos por 38 o 42 meses. Sin embargo, un arriendo de 36 meses tiene más sentido porque el auto todavía está bajo la garantía de la fábrica.

Otras consideraciones importantes son:

• Negociar la cantidad de dinero total que usted deberá pagar para sacar el vehículo y llevárselo a su casa (dígale al vendedor que usted no quiere pagar más de US$1.000 en todos los gastos para retirar el vehículo del negocio).

• Llamar por teléfono a varios concesionarios y comparar precios y servicios.

• Asegúrese de que los precios que le están citando incluyen los impuestos y otros gastos.

• Pida que le envíen por fax o por correo electrónico un papel con todos los datos del arriendo y todos los costos incluidos.

• Asegúrese de tener un buen seguro que le cubra no solo el valor de reemplazo del vehículo en caso de robo o destrucción total, sino que también le pueda cubrir la diferencia entre el valor del mercado de su vehículo y el costo total del arriendo.

Una vez que haya comprado inteligentemente su vehículo, tengo un consejo más: ¡Disfrútelo!

5

¿Cómo comprar electrodomésticos inteligentemente?

Cuida los centavos, que los pesos se cuidan solos», dice con regularidad mi madre. Yo creo que este refrán, justamente, es una de esas ideas provenientes del árbol de la sabiduría popular que, a pesar de no venir de grandes eruditos, tiene mucho de verdad.

Esa tendencia en el carácter es consistente con el estudio que mencioné anteriormente entre familias millonarias de los Estados Unidos. La gran mayoría de los 1.115 millonarios en los Estados Unidos, dicen Stanley y Danko en su libro «El millonario de al lado», disfruta de sus comodidades pero odia el derroche. Son capaces de comprarle un tapado de visón a su esposa pero les molesta que una lámpara quede encendida toda la noche y derroche energía eléctrica.

El secreto, dicen los investigadores, es que:

¿Cómo compro inteligentemente?

1. Estos millonarios viven siempre dentro de sus posibilidades económicas.
2. Usan el tiempo, esfuerzo y dinero de maneras que les beneficiará económicamente.
3. Creen que la independencia económica es mucho más importante que la demostración de estatus social.
4. Sus padres no les proveen de ayuda económica.
5. Sus hijos adultos son económicamente independientes.
6. Aprovechan las oportunidades del mercado.
7. Han elegido carreras apropiadas.

Aunque usted y yo no seamos millonarios, creo que, de todas maneras, podríamos beneficiarnos con un par de secretitos que podrían ayudarnos a ahorrar unos pesitos en el presupuesto familiar, especialmente cuando hablamos de comprar algunos aparatos y muebles de mayor envergadura para nuestro hogar.

Cuando se trata de electrodomésticos, cada día encontramos más confusión en el mercado. Hay tantas posibilidades y tantas opciones que muchas veces no sabemos si estamos haciendo la mejor compra de nuestra vida o si nos están robando hasta las medias.

Al comprar electrodomésticos, los principios y valores que hemos aprendido al principio de este libro se aplican de la misma manera que para otras compras mayores: uno debe saber qué es lo que realmente necesita, debe tener un plan de acción, debe saber cuál es el máximo que puede gastar y debe tomar sus decisiones con la cabeza fría de un administrador, en lugar de dejarse llevar por lo que otras personas digan o por los sentimientos personales.

Permítame repetir los tres elementos que considero esenciales al momento de comprar para ganar:

• Primero, debe tener un plan para controlar gastos.
• Segundo, debe, conscientemente, diferenciar entre necesidades, deseos y gustos.

- Y finalmente, debe desarrollar ciertas tendencias en el carácter personal que le permitan reaccionar apropiadamente bajo presión (que es cuando, en la mayoría de los casos, cometemos los errores económicos más importantes).

Ahora que ya hemos visto cómo poner en práctica en nuestras vidas cada uno de esos elementos, permítame simplemente presentarle algunas ideas generales que creo que pueden ayudarlo al momento de hacer la compra.

1. **Comience sabiendo cuál será la cantidad máxima que su presupuesto (o su cuenta de ahorros) le permitirá gastar en esta compra.**

Usted necesita ponerse un techo, un límite, para el gasto que piensa hacer. Una vez que ha llegado a la conclusión de cuál será la cantidad apropiada para gastar en el electrodoméstico a comprar, plántese y no se mueva de allí. Uno de los errores más comunes es el salir de compras sin un límite predeterminado. Luego nos entusiasmamos y gastamos más de lo que debíamos.

2. **No se olvide de hacer su lista de necesidades y deseos.**

Con el auto y la casa ya aprendimos a hacer esa lista de negociables y no negociables. Cosas que necesitamos tener y cosas que desearíamos tener. La idea en una compra es satisfacer primordialmente las necesidades. Los deseos deberíamos satisfacerlos solamente en el caso de que tengamos el dinero disponible y hayamos provisto para las otras necesidades del hogar.

3. **Compre siempre sus electrodomésticos al contado, con dinero en efectivo.**

Recuerde que cuando hablamos de pagar intereses el nombre del juego es *El que paga, pierde.* Usted se sorprendería de la cantidad de capital que se nos escapa de las manos simplemente porque no queremos ser lo suficientemente pacientes o previsores para ahorrar el dinero con tiempo para reemplazar la cocina, la heladera, el televisor o el horno de microondas.

Mucha gente, cuando compra un microondas, por ejemplo, toma un pote (tarro) de dulce y comienza a poner allí unos pesitos cada semana. Al cabo de un par de años tiene la suficiente cantidad de dinero ahorrada como para reemplazar su «viejo» microondas. Lo mismo puede ocurrir con el televisor o el lavarropas. Si ahorra un poquito cada semana, cuando llegue el tiempo de la compra no tendrá que «desvestir a un santo para vestir a otro» ni tendrá que dejar de comer para comprar un nuevo calefactor.

4. Evite las tarjetas de crédito que le ofrecen las grandes tiendas.

En la gran mayoría de los casos estas tarjetas le cobrarán un altísimo porcentaje en intereses. A veces las tiendas ofrecen descuentos especiales si usted pide y compra con sus tarjetas de crédito. ¡Hágalo! Luego, pague el 100% de lo que cargó en la tarjeta y cancélela por completo. No la use nunca más y ¡disfrute del descuento!

5. Compare precios y calidad (a veces lo barato sale caro, y otras lo caro es de peor calidad que lo barato).

Le recomiendo que antes de comprar un electrodoméstico averigüe con sus familiares y amigos si tienen algún conocimiento del producto que piensa comprar. No hay mejor juez de un producto que su propio usuario. También trate de conseguir revistas y artículos en los diarios que hablen al respecto.

Use Internet. Hay una cantidad increíble de información sobre diferentes productos. Muchos sitios también auspician foros de discusión donde los usuarios de un determinado producto intercambian ideas, preguntas y comentarios.

Si vive en los Estados Unidos le recomiendo que se compre la «Guía de Compras» (*Buying Guide*) de la organización *Consumer Reports*. Cada año imprimen un librito con una riqueza increíble de información sobre cientos y cientos de productos. La ventaja es que *Consumer Union of U.S., Inc.* es una organización sin fines de lucro, y sus revistas no publican propaganda. Por lo tanto, sus consejos son totalmente neutrales y muy confiables.

Por ejemplo, supóngase que usted quiere comprar una plancha. Lo normal sería ir a un negocio y ver la plancha que más nos gusta y, si está dentro del presupuesto, comprarla. Sin embargo, en la página 254 de la «Guía de Compras» de 2003 nos enteramos que la plancha Sunbeam Breeze 3030 está en el cuarto lugar en la línea de las mejores planchas del país. Mientras que la Panasonic Cordless NI-1500Z se ubica en el decimocuarto lugar.

¿La diferencia? Que la Sunbeam cuesta US$37 dólares y la Panasonic US$110... La Sunbeam cuesta US$70 más barata ¡y es mejor!

Otro ejemplo: Usted quiere comprar un refrigerador, de esos que tienen dos puertas, una pequeña arriba (para el congelador) y otra grande abajo. Cuando uno investiga un poco (en la página 295 de la «Guía...»), descubre que el refrigerador Kenmore 7118 está casi en el tope de los mejores refrigeradores del país: segundo. Por otro lado, el Whirlpool Gold GR2SHTXK [Q] está en la posición decimotercera.

¿La diferencia? Que el Kenmore cuesta US$750 y el Whirlpool US$1.050. El segundo cuesta US$300 más que el primero... ¡y es peor!

No hay comprador más peligroso que un comprador informado. La educación del consumidor es nuestra arma más potente contra la manipulación comercial de los medios de comunicación social.

Entonces, edúquese antes de salir de compras. Las apariencias engañan... hoy más que nunca.

6. Lea siempre la letra pequeña.

Nunca compre si no entiende totalmente el arreglo que está por firmar. NO tenga vergüenza de preguntar.

Recuerdo alguna vez haber comprado una alfombra para los pisos de nuestra casa con un arreglo especial de «no intereses ni pagos durante 6 meses». ¡Magnífico!, pensé.

Sin embargo, al leer la letra pequeña nos dimos cuenta de que si a los 6 meses no teníamos el 100% del dinero para pagar toda la compra de un solo pago, la deuda pasaba automáticamente a una «línea de préstamos» en la que hubiéramos tenido que pagar el 36% de intereses (cuando los intereses de una tarjeta estaban en el 12%), y hubiéramos tenido que pagar los intereses retroactivos por los ¡seis meses pasados!

¡Un robo a mano armada!, dirían algunos. No señor: así es como funciona la economía de mercado. Lo que usted firma es ley. Conozco una gran cantidad de amigos que han sido presa de este robo legal, especialmente al comprar sus computadoras.

7. Evite comprar contratos de servicios extras, no valen la pena.

Estas garantías extras encarecen el producto y a veces a uno le complican la vida. Si la garantía de fábrica no es suficiente para cubrir las preocupaciones que usted tiene respecto de un determinado producto, compre otra marca.

8. Exija que la entrega y la instalación sean gratuitas.

Puede que al principio el vendedor quiera cobrarle por la entrega e instalación de un determinado producto en su casa. Pero no cuesta nada pedir e insistir... La experiencia me dice que en la mayoría de los casos, eventualmente acceden a incluir esos servicios en el mismo precio del producto.

9. Asegúrese de regalar su aparato usado a alguien que lo necesite.

Cuando compramos algo nuevo en casa, siempre es una buena oportunidad para buscar a alguien que esté necesitando el aparato o el mueble que estamos reemplazando. No regale algo que esté muy deteriorado (sería una falta de respeto). Pero si la cocina o el refrigerador, la lavadora o la cafetera todavía funcionan correctamente, podemos buscar a alguien que lo necesite (quizás una pareja joven, quizás un estudiante) y hacerlo feliz.

Siempre dar es mejor que recibir. El ser dadivosos y generosos no solamente ayuda a los demás, sino que también nos ayuda a nosotros a desarrollar un aspecto muy importante de nuestras vidas: nuestro carácter.

Si desea información sobre organizaciones que puedan usar los electrodomésticos que está reemplazando, puede buscar en las páginas amarillas de la guía telefónica de su ciudad por el Ejército de Salvación, la Cruz Roja o Cáritas.

También puede ponerse en contacto con la oficina de Conceptos Financieros más cercana a su domicilio o puede escribirnos a:

Conceptos Financieros
Casilla 3010
Ciudad de Guatemala, Guatemala.

O puede visitarnos en nuestro sitio de Internet:
www.conceptosfinancieros.org

Si vive en los Estados Unidos, puede llamarnos
gratuitamente al teléfono 1-800-339-9188.

Estamos siempre para servirle.

Le enviamos un fuerte abrazo de parte de todo nuestro equipo y le deseamos que Dios le ayude a ser un comprador inteligente, alguien que sea un fiel administrador de lo que Él puso en nuestras manos, que sepa que no es necesario pedirle a Dios cosas para disfrutar de la vida, y que en realidad la gran diferencia es que Él nos da vida para disfrutar de las cosas.

Notas

1. 1.700 millones, para ser exactos. http://atlanta. bizjournals.com/atlanta/stories/2001/07/09/story3.html
2. http://www.cokecce.com/srclib/1.2.2.html
3. http://www.gm.com/company/investor_information/ docs/fin_data/gm01ar/finh.html
4. http://www.gestiopolis.com/recursos/experto/ catsexp/pagans/eco/no12/sociedadesdeconsumo.htm
5. Primera Carta de San Pablo a los Corintios, capítulo 4, versículo 2.
6. Evangelio según San Mateo, capítulo 6, versículos 25 al 34. Versión *Reina-Valera*. Revisión 1960.
7. Primera Carta de San Pablo a los Corintios, capítulo 4, versículo 2. *Biblia de Jerusalén*, 1975.
8. Ídem anterior. Véase el libro de los Proverbios, capítulo 21, versículo 5 y capítulo 27, versículos 23 y 24.
9. Ídem anterior.
10. Evangelio según San Mateo, capítulo 22, versículo 21.
11. Thomas J. Stanley y William D. Danko. *The Millionaire Next Door, The Surprising Secrets of America's Wealthy,* Pocket Books, New York, 1996, p. 257 StaMill.
12. Doménica Velásquez. *Diario Prensa Libre.* 20 de octubre de 1999, p. 17. Fuente: Instituto Nacional de Estadística, INE.

13. Véase la Segunda Carta de San Pablo a los Corintios, capítulo 8, versículo 14. También, el libro de los Proverbios, capítulo 22, versículo 3; y capítulo 27, versículo 12.
14. Véase el libro segundo de los Reyes, capítulo 4, versículos 1 al 7, para ver el ejemplo de los problemas y sufrimientos familiares que producimos al no dejar nuestros negocios terrenales en orden antes de pasar a la eternidad.
15. AbrahamMaslow.http://www.monterey.edu/academic/centers/sbsc/sbsc300b/maslov-needs.html
16. Evangelio según San Lucas, capítulo 14, versículo 28. Sociedades Bíblicas Unidas, *Biblia en Lenguaje Sencillo*, (Miami: Sociedades Bíblicas Unidas) ©2000.
17. http://www.eluminas.com/eluminas_spanish/eluminas_mortgage.html
18. Ídem anterior.
19. http://www.hipotecario.com.ar/abc.shtml#top
20. Véase la Primera Carta del Apóstol San Pablo a Timoteo, capítulo 6, versículos 6 al 10 y 17 al 19.
21. http://www.historybuff.com/library/refbarnum.html
22. *Consumer Reports. Buying Guide 2003*. Yonkers, New York, p. 152.
23. Ídem, p.142.
24. Véase la Primera Carta de San Pablo a Timoteo, capítulo 6, versículos 6 al 10.
25. Rey Salomón, libro de los Proverbios, capítulo 22, versículos 26 y 27. Versión RV, Sociedades Bíblicas Unidas, 1995.
26. Rey Salomón, libro de los Proverbios, capítulo 27, versículo 1. Versión *Dios Habla Hoy— La Biblia de Estudio*, (Estados Unidos de América: Sociedades Bíblicas Unidas) 1998.
27. Reed, Philip. *10 Steps to Buying a New Car*. www.edmunds.com, enero de 2002.
28. *Leasing Basics. Edmunds' Do-It-Yourself Guide to Leasing*. www.edmunds.com, enero de 2002.